百科通识文库书目

古代亚述简史

"垮掉派"简论

混沌理论

气候变化

当代小说

地球系统科学

优生学简论

哈布斯堡帝国简史

好莱坞简史

莎士比亚喜剧简论

莎士比亚悲剧简论

天气简述

百科通识
文库

哈布斯堡帝国简史

马丁·拉迪 著

柴彬 译

外语教学与研究出版社

北京

京权图字：01-2020-7238

图书在版编目（CIP）数据

哈布斯堡帝国简史／（英）马丁·拉迪（Martyn Rady）著；柴彬译. —— 北京：外语教学与研究出版社，2021.3
（百科通识文库）
ISBN 978-7-5213-2437-2

Ⅰ.①哈… Ⅱ.①马… ②柴… Ⅲ.①欧洲－历史－通俗读物
Ⅳ.①K500.9

中国版本图书馆 CIP 数据核字（2021）第 049510 号

地图审图号：GS（2020）7140

出 版 人　徐建忠
项目负责　姚　虹　周渝毅
责任编辑　徐　宁
责任校对　都楠楠
封面设计　泽　丹　覃一彪
版式设计　锋尚设计
出版发行　外语教学与研究出版社
社　　址　北京市西三环北路 19 号（100089）
网　　址　http://www.fltrp.com
印　　刷　紫恒印装有限公司
开　　本　889×1194　1/32
印　　张　5.5
版　　次　2021 年 4 月第 1 版 2021 年 4 月第 1 次印刷
书　　号　ISBN 978-7-5213-2437-2
定　　价　30.00 元

购书咨询：（010）88819926　电子邮箱：club@fltrp.com
外研书店：https://waiyants.tmall.com
凡印刷、装订质量问题，请联系我社印制部
联系电话：（010）61207896　电子邮箱：zhijian@fltrp.com
凡侵权、盗版书籍线索，请联系我社法律事务部
举报电话：（010）88817519　电子邮箱：banquan@fltrp.com
物料号：324370001

记载人类文明
沟通世界文化
www.fltrp.com

目录

图 目

地 图

第一章

王朝与帝国；衔号和人民

哈布斯堡家族：源起与名称

　　哈布斯堡家族是继温莎家族之后欧洲最为著名的王朝。他们的历史与大多数欧洲国家紧密相联。在不同的时期，哈布斯堡家族曾是今日的西班牙、葡萄牙、比利时、卢森堡、荷兰、德国、奥地利、匈牙利、波斯尼亚、克罗地亚、捷克共和国（早前的波希米亚和摩拉维亚）、斯洛伐克和斯洛文尼亚，以及意大利、波兰、罗马尼亚、摩尔多瓦、塞尔维亚和乌克兰的部分地区的统治者。他们在欧洲的地理影响范围只有拿破仑和希特勒建立的短命得多的帝国可以与之相匹敌。在更遥远的地方，他们作为西班牙国王的统治延伸至新大陆，囊括了大半个拉丁美洲和美国

的部分沿海地区。在 16 世纪晚期到 17 世纪，哈布斯堡的
势力横跨包括菲律宾在内的太平洋。哈布斯堡家族甚至本
可以占据北极群岛的一部分，但是奥地利探险家在 1872
年首次绘制距离北极仅 500 英里的这一地区地形时，只是
给了这片区域一个名字，并没有为统治者申索它的主权。
尽管如此，俄罗斯北部的一个地区今日仍被称为"弗兰
茨·约瑟夫之地"，以纪念弗兰茨·约瑟夫皇帝（1848—
1916 年在位）；这位皇帝尽管长居君主之位，名字究竟应
该以 ph 还是 f 结尾却迟迟确定不下来。

哈布斯堡家族不仅统治着广阔的疆域，而且统治了很
长一段时间。从 15 世纪到 20 世纪，在将近 500 年的时间
里，他们都是欧洲首屈一指的王朝。欧洲历史上的诸多重
要时刻和重大事件都与他们的名字密不可分——从与发起
宗教改革运动的路德的交锋，到在布莱尼姆对路易十四的
胜利，到为拿破仑奉上的惨败，再往后到 1914 年引发欧
洲战争的致命决策。哈布斯堡统治者的先贤祠里含括了冒
险家、疯子，并且至少还有这样一位君主，他的身体是如
此畸形，以至于其真实肖像永远不会拿出来展示。

哈布斯堡家族保留着一种浪漫的吸引力，并以其悲剧

因素而闻名。然而，对于哈布斯堡家族面相的演变，以及属于弗兰茨·约瑟夫祖先的突出下巴的来历，同时代的人一样深感兴趣。到 18 世纪中期时，这个家族的遗传基因已经在很大程度上摆脱了被称为凸颌的畸形。即便如此，它长期以来仍旧一直是优生学家和退化理论学家推测的发源，甚至于弗兰茨·约瑟夫还在世时就激发了诸如《皇室衰颓特征的遗传性》《关于上颌畸形和牙齿之遗传的研究》之类的著述问世，作品中还佐之以这位皇帝祖辈的肖像。

就我们所能追溯到的过去，哈布斯堡家族声名显赫。10 世纪时，其先辈在上莱茵河地区开辟出了一块由断续的领地和庄园组成的拼盘，从阿尔萨斯、黑森林延伸到今日的瑞士北部。约 1030 年，有明确记载的最早的哈布斯堡人——拉德博特（约 985—1045 年）——在瑞士阿尔高的穆里创建了一所本笃会修道院。穆里在几个世纪的时间里一直作为家族墓地。几乎与此同时，拉德博特在距离穆里大约 30 公里远的地方建造了一座称为哈布斯堡的石头堡垒。这个名字的意思可能是"浅滩旁的城堡"，但通常被演绎为"鹰堡"，因为听上去更加宏伟。正是通过哈布斯堡的头衔拉德博特的后裔才为世人所熟知。

哈布斯堡城堡数百年间一直都是家族的主要驻地。然而，哈布斯堡家族在领土方面的利益发生了转移，先是北上阿尔萨斯和施瓦本，然后又在 13 世纪的下半叶东进奥地利和施蒂里亚两个公国。哈布斯堡家族的利益由此重新定位，导致了哈布斯堡城堡的废弃。堡垒在 1230 年被赠予封臣，但后来最终丧失了。今日瑞士境内哈布斯堡家族遗留下来的大部分产业都在 14 世纪初被丢弃，沦为了传说中由威廉·退尔发动的瑞士邦联起义的牺牲品。然而，哈布斯堡城堡留存到了今日，其主堡仍然屹立在一家餐馆旁边，城垛上装点着阳伞。一座小博物馆在纪念这座城堡与哈布斯堡家族之间几乎 800 年前就已被切断了的联系。

14 世纪时，哈布斯堡家族放弃了他们先前的名字，改而采用奥地利家族来称呼自己。随着时间的推移，旧名字哈布斯堡几乎带上了一层贬义，让人想起了被取代的与小地方出身的过去。因此，大约在 1451 年当西吉斯蒙德皇帝以"哈布斯堡勋爵"的头衔称呼奥地利的埃内斯特公爵时，公爵感到受了冒犯，以"卢森堡勋爵"回敬皇帝。直到 19 世纪初，哈布斯堡的名字才通用起来，这部分是由于席勒脍炙人口的历史民谣《哈布斯堡伯爵》

（1803 年）。然而，在英语用法中，直到第一次世界大战结束后不久，惯例上仍然把哈布斯堡拼写为 p（即 Hapsburg），而不是德语形式的 Habsburg。这种习惯在北美持续的时间更长，但如今德语拼写一般为首选。

帝国及诸帝国

尤利乌斯·凯撒把他的绰号传给了后嗣。因为尤利乌斯谢顶，同时代的人戏称他为 Caesar（凯撒），意即"多毛的"。这个诨名作为君王的头衔延续了下来。凯撒（Kaiser）、沙皇（Tsar），以及"罗马人的凯撒"（Kayser-i Rum，奥斯曼苏丹的一个头衔），它们都起源于凯撒这一名号，也体现了头衔最早的领受者与古典时代的罗马帝国一争高下的雄心壮志。整个中世纪，凯撒们和自封的诸帝国在欧洲的边缘大量涌现出来——在拜占庭及其文化卫星国保加利亚和塞尔维亚，以及 15 世纪末的莫斯科俄国。但在大多数欧洲人看来，它们对伟大罗马的承继被认为是可笑的。在西方基督教世界，直到拿破仑时代，才有了一个真正的帝国——神圣罗马帝国。

神圣罗马帝国开端于公元 800 年的圣诞节，其时教皇在罗马加冕法兰克国王查理曼为罗马人民的皇帝。帝国在查理曼继任者的治下日益衰落，但在 10 世纪中叶作为一个"东法兰克的"并逐渐德意志化的国家而得以复兴。神圣罗马帝国最初被设想为旧罗马帝国的直接继承者及教皇精神帝国的世俗对应者。但欧洲诸王国的统治者都对皇帝宣称的至高无上的权力愤懑不已。因此，神圣罗马帝国皇帝的势力范围最终局限于从波罗的海到地中海的广大领土——今天的德国和低地国家、瑞士、奥地利、斯洛文尼亚、捷克共和国、意大利北部和波兰的部分地区。

从一开始，皇帝就不得不和神圣罗马帝国的诸侯谈判，后者在帝国的疆域内建立起自己的领地，追求自己的政策和利益。诸侯权力的一个标志即他们有权推选皇帝。尽管皇位具有推选性质，但皇帝一旦登基就可以利用他们的影响力确保自己的儿子选为继任者，甚至在有生之年就可以做到。从 1438 年到 1740 年间，所有神圣罗马帝国皇帝都来自哈布斯堡家族。这条谱系因皇帝查理六世亡故而断绝，仅留下一个女儿玛丽亚·特蕾西亚，于是选帝侯选择了一位巴伐利亚王公作为查理的继任者。在查理 1745

年去世后，选帝侯选择玛丽亚·特蕾西亚的丈夫洛林的弗兰茨公爵为皇帝。帝国的皇冠通过这种迂回的方式再一次回到了哈布斯堡家族手中。

早先的神圣罗马皇帝的确是在罗马加冕的，但鉴于加冕之旅的花费和危险，由教皇加冕的情况变少了。最后一位在罗马由教皇加冕的皇帝是1452年的腓特烈三世。取而代之的是，神圣罗马帝国的统治者凑合着在亚琛的查理曼旧宫（后来在法兰克福主教座堂）的礼拜堂加冕为"罗马人民的国王"，此举赋予了他们作为皇帝的全部权力。在教皇的同意下，哈布斯堡的马克西米利安国王在1508年择采"承蒙上帝恩典推选之罗马人民的皇帝"的称号，这也成为他的继任者所使用的描述语。从此以后，"罗马人民的国王"的头衔主要留给任何在位皇帝生前可能被选为当然继承人者。

即便就其象征意义而言，拿破仑于1804年在教皇面前加冕为法国皇帝，也已经表明神圣罗马帝国的日子屈指可数了。神圣罗马帝国皇帝弗兰茨二世预见到了帝国的终结，于是宣布自己为奥地利皇帝。虽然弗兰茨常在画中被描绘为身穿加冕礼袍，头戴从哈布斯堡的金库里拿来的皇冠，但他并没有正式加冕为奥地利皇帝。弗兰茨的继承人也没有任何一个受到加冕——他们只是通过宣告前任去世或退位而掌权。

在两年的时间里，弗兰茨既是神圣罗马帝国的皇帝，又是奥地利的皇帝。在拿破仑不满足要求就即刻开战的威胁下，弗兰茨于 1806 年宣布了神圣罗马帝国的废止和他自己的退位。退位和帝国解体的文件历数了弗兰茨的衔号和荣誉，甚至还包括"帝国的永远扩张者"这一头衔。从这一年起，哈布斯堡的统治者只把自己当作奥地利的皇帝。所以弗兰茨二世变成了弗兰茨一世；他的继任者变成了斐迪南一世（而不是斐迪南五世）；等等。然而，作为延续性的一个标志，自 15 世纪起便是皇权象征的双头鹰包含在了新的奥地利帝国的纹章上。

拿破仑战败后，德意志的大部分土地重组为德意志邦联——一个松散的政治联盟，并于 1871 年成为德意志帝国。哈布斯堡家族得以保留与新德国东面和南面接壤的领土，此时变成了仅限于中欧的实体。1867 年以后，哈布斯堡帝国内匈牙利王国占有的部分实行自治。此后，哈布斯堡帝国也称为奥匈帝国、奥地利-匈牙利或二元君主国

（但从未是二元帝国）。帝国从 1800 年的 3000 万总人口增长到 1910 年的 5000 万，使其成为欧洲第三人口大国，仅次于俄国和德国。

因此，19 世纪见证了欧洲帝国的倍增——如法兰西、德意志和奥地利。然而，在此之前，欧洲大部分地区只有一个帝国，即神圣罗马帝国，由出自哈布斯堡家族的一位皇帝主掌。

收集王冠

哈布斯堡的属地所及之处远远超过神圣罗马帝国的疆界。有时，可能会出现降格的情况，即"帝国"的名称被用来指代哈布斯堡家族统治的属地。但更多的时候，哈布斯堡家族将他们统治的领土称为"君主国"（monarchia），或者更简单地说，称为"我们的土地"。

哈布斯堡家族的君主国历经几个世纪得以建立，并常有重大的变更。自 13 世纪晚期起，它的核心大致相当于今日的奥地利和斯洛文尼亚，向南延伸至亚得里亚海海岸。该地区是多个公国和小诸侯国的拼盘，由哈布斯堡家族作为世袭公爵和伯爵治理——包括上下奥地利、蒂罗尔、施蒂里亚、卡林西亚、卡尼鄂拉、福拉尔贝格、戈里齐亚-格拉迪斯卡和的里雅斯特。此外，他们仍旧统治着阿尔萨斯域内和上莱茵河周边的若干领地和伯国，这个拼凑而成的地区从前构成了他们权力的基石。这些属地，连同他们于 13 世纪获得的在施瓦本公国的部分土地，被称为"远奥地利"。

1477 年，皇帝腓特烈三世的儿子马克西米利安借助联姻以及不可小觑的武力，将勃艮第公国令人垂涎的部分收入囊中，附带低地国家及其海上贸易城市的财富，以及位于法国的沙罗勒这块小小的领土飞地。于 1508 年成为神圣罗马帝国皇帝的马克西米利安继续奉行他的家族同欧洲主要王室联姻的冒险政策。这样维系的纽带可能轻易就会松垮，结果是哈布斯堡家族的属地双手奉送他人。

然而，幸运女神却对马克西米利安青睐有加。1496 至 1497 年间，马克西米利安的儿子"美男子"腓力和女儿奥地利的玛格丽特分别与卡斯蒂利亚和阿拉贡谱系的西班牙统治者联姻。玛格丽特的婚姻没能维持长久，她的丈夫行将就木且没有子嗣。不过腓力与"疯女"胡安娜（La

Loca，如是称呼是因为她确实如此）的结合取得了成功，1506 年他通过胡安娜继承了卡斯蒂利亚的王冠。十年后，腓力的儿子查理继任为卡斯蒂利亚国王，相邻的阿拉贡王国也已加入进来。包括在西班牙继承权之内的是那不勒斯和意大利南部、西西里岛和撒丁岛、北非海岸的定居点以及西班牙在新大陆的属地。查理随后通过推选于 1519 年接替马克西米利安继任神圣罗马帝国皇帝，成为皇帝查理五世。

与此同时，查理的弟弟斐迪南（马克西米利安曾设计他同波兰雅盖洛支系联姻）1526 年在他的妹夫战死之后获得了匈牙利和波希米亚的王冠。因此，在恰约半个世纪的时间里，哈布斯堡家族的两兄弟——查理和斐迪南——通过马克西米利安的联姻计划，接收了超过半个欧洲，并且他们大抵是以和平的方式做到的，只有在匈牙利遭到过有组织的抵抗。正如当时的一句谚语所说："让别人去打仗吧，你，幸福的奥地利，结婚去吧。"

因此，1526 年以后哈布斯堡家族有两大主要分支。首先，有从查理五世传下来的"西班牙"支系，它把西班牙、低地国家、意大利部分地区和新大陆聚拢到一起。

腓特烈三世
神圣罗马帝国皇帝 (1452—1493年在位)

马克西米利安一世 娶 勃艮第的玛丽
神圣罗马帝国皇帝 (1508—1519年在位)

奥地利的玛格丽特
嫁 卡斯蒂利亚的胡安

(匈牙利的) 玛丽 (死于1526年)
嫁 雅盖洛的路易二世
波希米亚和匈牙利国王

"美男子" 腓力
卡斯蒂利亚国王 (1506年在位)
娶 卡斯蒂利亚的 "疯女" 胡安娜

查理五世 神圣罗马帝国皇帝 (1519—1558年在位)
西班牙国王
娶 葡萄牙的伊莎贝拉

斐迪南一世 神圣罗马帝国皇帝 (1558—1564年在位)
娶 雅盖洛的安妮

蒂罗尔的斐迪南

施蒂里亚的查理

西班牙的腓力二世
神圣罗马帝国皇帝
(1556—1558年在位)

马克西米利安二世
神圣罗马帝国皇帝
(1564—1576年在位)

西班牙支系

中欧支系

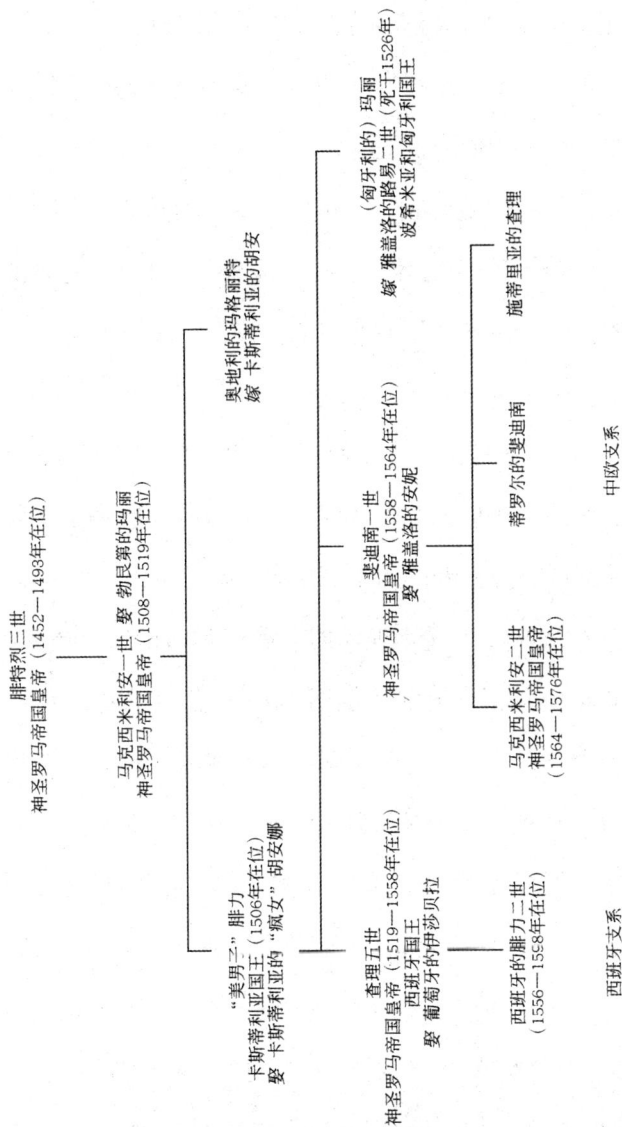

图1. 16世纪哈布斯堡家族诸分支

1580 至 1640 年间，西班牙的哈布斯堡家族还统治着葡萄牙，并因此拥有葡萄牙殖民地巴西，以及海外定居点印度南部的果阿、中国沿海的澳门和日本长崎的一小部分。其次，还有源起于斐迪南的"中欧"支系，其核心是奥地利领地、波希米亚和匈牙利。神圣罗马皇帝之位虽然是推选出来的，但根据查理和斐迪南的协议，归属于中欧支系（见地图 1）。

哈布斯堡家族的所有属地都是"复合"国家和王国，由几个或更多的地域组成，随着时间的推移，这些领土逐渐归并到单一统治者的治下。因此，阿拉贡由三部分组成：阿拉贡本身、瓦伦西亚和加泰罗尼亚，以及它在地中海的属地，包括那不勒斯和西西里两个王国（合称两西西里）。低地国家是多个小诸侯国拼凑而成的，其中一些直到 1549 年前还被认为是法国的组成部分。波希米亚包括首都为布拉格的波希米亚本身、摩拉维亚、西里西亚和卢萨蒂亚，其中卢萨蒂亚又进一步分为两部分。西里西亚现今大部分在波兰境内，而卢萨蒂亚则分属波兰和德国。虽然只有一个加冕仪式，但是匈牙利包括了两个王国，匈牙利和克罗地亚，此外还有部分自治的省份特兰西瓦尼亚和

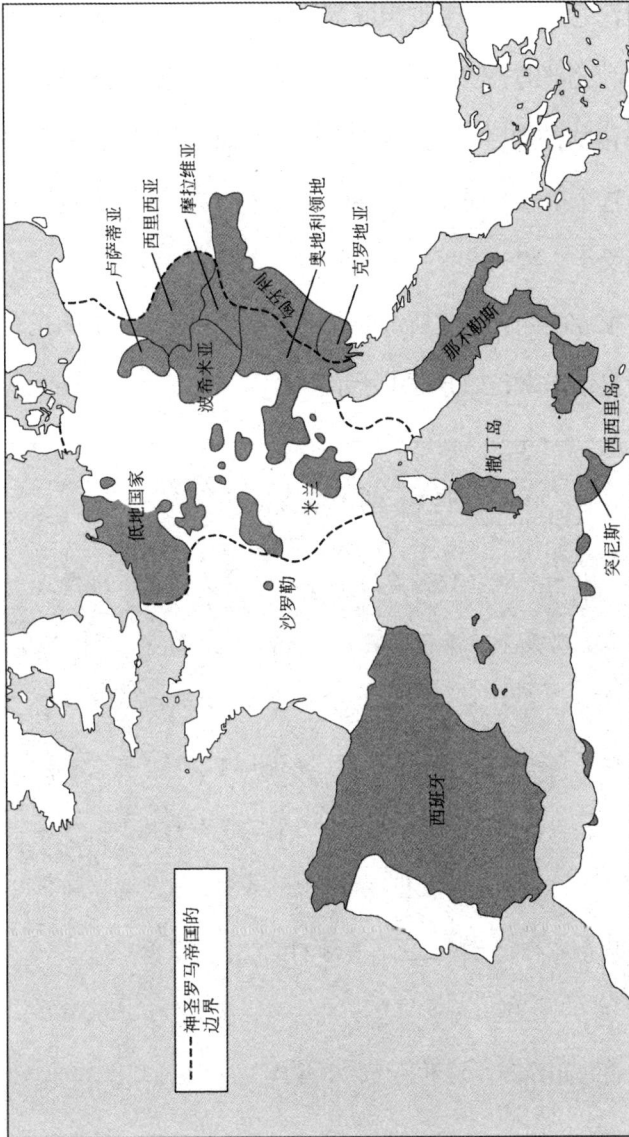

地图 1. 约 1560 年哈布斯堡帝国在欧洲的属地

斯拉沃尼亚。属于斐迪南继承人的领地后来由于从波兰和
意大利北部的公国获得的领土而增加了。玛丽亚·特蕾西
亚与洛林的弗兰茨的婚姻带给了她耶路撒冷国王的空头
衔，这个衔号同时属于家族的西班牙分支，但一样也只是
在名义上。

家族的两大分支所统辖领土的复杂性通过它们的正式
头衔显示出来，如方框 1 所示。

方框 1　两大分支的头衔

腓力四世（1648 年）的头衔：腓力四世，主所恩
赐卡斯蒂利亚、莱昂、阿拉贡、两西西里、耶路撒冷、
葡萄牙、纳瓦拉、格拉纳达、托莱多、瓦伦西亚、加利
西亚、马略卡岛、梅诺卡岛、塞维利亚、撒丁岛、科尔
多瓦、科西嘉岛、穆尔西亚、哈恩，阿尔加维、阿尔赫
西拉斯、直布罗陀、加那利群岛、东西印度群岛、大洋
中的诸岛屿和大陆之王，奥地利大公，勃艮第、布拉班
特和米兰公爵，哈布斯堡、佛兰德、蒂罗尔、巴塞罗那
伯爵，比斯开、莫利纳领主，等等。

斐迪南三世（1648 年）的头衔：斐迪南三世，当
选的罗马皇帝，帝国的永久扩张者，德意志、匈牙利、
波希米亚、达尔马提亚、克罗地亚、斯拉沃尼亚等之王，
奥地利大公，勃艮第、布拉班特、施蒂里亚、卡林西亚、
卡尼鄂拉公爵，摩拉维亚侯爵，卢森堡、上下西里西亚、
符腾堡和泰克公爵，施瓦本亲王，哈布斯堡、蒂罗尔、
基堡、戈里齐亚伯爵，阿尔萨斯伯爵，神圣罗马帝国、
布尔高、上下卢萨蒂亚侯爵，温迪施边疆区、波代诺内
和萨兰领主，等等。

头衔末尾的"等等"表明还有更多头衔可以被包括进
去。的确，随着时间的推移，头衔越来越多，包括那些他
们的先辈只是短暂拥有、在某些情况下甚至从未拥有的属
地和产业。这些地方通过列入头衔名单保持了"活跃"状
态，如果时机到来，未来即有可能获取。

王朝与臣民

哈布斯堡并不只是一个统治家族，他们也是一个王

朝。一个王朝不光限于一个血亲团体，因为它拥有一种关于自身历史的意识，指引其穿越岁月而发育发展。从试图维持乃至扩大其继承的领土的意义上来说，它是私有的，但它同时也是一个法律上的共同体，成员之间的权利和义务相互联系。随着世代的流传，一个王朝可能获得一套关于自身的习俗和信仰，服务于巩固一个共同的身份和目标。

哈布斯堡王朝就是所有这一切。它固守一段被神话了的历史，这段历史教它认为伟大来得理所应当。它执着于获得领地、王国和头衔，或通过战争，或借助联姻。此外，家族成员在生物学上，以及在权力和荣誉的分配上同属一体。王朝的诸分支因此经常相互通婚，以至于西班牙的查理二世（1665—1700 年在位）的曾祖父母和高祖父母的数量只有正常数量的三分之二。堂表亲戚之间的近亲繁殖导致了凸颌，哈布斯堡家族因此而闻名，这在查理二世身上最为显著（见图 2）。

在王朝内部，领地和王国经常在继承人之间瓜分，由此培养了一种政治伙伴意识。直到 1713 年的《国事诏书》确定了长嗣继承权的原则，男性继承人之间的分割才被废

图 2. 《西班牙的查理二世》，胡安·卡雷尼奥·德·米兰达
1685 年作。近亲繁殖不仅导致了下颌的畸形，还造成了
国王精神方面的残疾

弃。在此之前，头衔的继承通常是由"家族协议"来决定的，这些协议将王朝领地在家族成员之间进行分配，就好像它们是私有财产一样。那些被排除在这些安排之外的人经常被授予总督之衔。哈布斯堡家族的惊人之处在于他们不仅把女儿当作政治棋子，还把她们当作政治棋手，掌管王朝的部分属地。

王朝的野心只是指引哈布斯堡统治者的一个因素。的确，他们奉行的政策有时会给王朝的利益和生存带来潜在的损害，甚至是毁灭。政策的这些其他指导原则和决定因素包含了一个信念，即作为神圣罗马帝国的皇帝，哈布斯堡的统治者有义务捍卫天主教会并推进其宗教利益，包括促进和平。他们同时信奉一个理念，即政府是一种信任，统治权意味着对臣民负有责任。是神授天命证明了他们权力的正当性，规定了他们居于顶端的世俗等级制度，对此他们甚少怀疑；但哈布斯堡的皇帝对其臣民的义务是认真的。他们的早晨通常都被觐见占据，每天有多达百名的请愿者在觐见中排队向君主寻求帮助或建议，或者（这更常见的是）亲自感谢他表现出来的一些善意，这样的情况一直延续到了20世纪。

培养良好的政府遭遇到了两个问题。首先是距离问题，即是说哈布斯堡的统治者可能只是对少数人展示他们的亲身为政和慈父关怀。因此，下奥地利的乡下人或许可以前往维也纳与皇帝私下谈谈他们女儿的婚事，但这对于大多数哈布斯堡臣民来说几乎是不可能的。至于更为普遍地困扰哈布斯堡统治的沟通问题，西班牙殖民统治的古老格言"如果死亡来自马德里，我们会长命百岁"是一个恰当的定论。而于事无补的是，哈布斯堡的许多统治者认为良好的政府与高效的官僚政治同义。通常在统治的初期，经过一段小小的旅行之后，他们便会躲进马德里郊外的埃斯科里亚尔宫或维也纳的霍夫堡宫，起草指令，批示大臣建议，过目军事急件。他们大片大片的领地从未被造访过，有时长达数个世纪之久。匈牙利尤其被忽视，前往那里的皇室访问大多数时候仅限于纵马疾驰过匈牙利的边界，到达位于布拉迪斯拉发的城堡（德语里称为普雷斯堡，匈牙利语中称为波若尼）。

政府因此在远处通过统治者的代表——总督、长官和行政理事会——运作。在他们被任命的每一块领地上，这些代理人都要面对当地的贵族，后者的世袭特权和权力就像哈布斯堡家族所宣称的管辖权一样具有充分的历史依据，而且往往更加古老。哈布斯堡家族统治的任一领地、小伯国、公国和王国都有其相应的领地贵族。每一个贵族集团都声索与其地位相称的特权，都按照自己的法律和习俗生活。因此，他们坚持认为，这些特权、法律和习俗并不取决于统治者的同意或赠予，而是独立于统治者产生的。贵族阶层通常要求拥有被协商权，即在影响到他们所居住的领地的所有重要问题上，特别是在涉及增加税收或征募军队时，都要同他们商议。他们的议会经常与统治者争执不下。匈牙利和波希米亚的议会同时宣称有权推选他们的君主。哈布斯堡家族可能对待他们的属地像对待私有财产一样，但是他们的波希米亚和匈牙利臣民相信，仍然可以选择由谁来统治自己。

因此，实际的权力关系具有所谓的"结构二元性"的特征。一边是统治者及其代理人；另一边是贵族阶层，他们宣称在许多政府事务中都拥有平等的发言权。这是令人沮丧的，所以哈布斯堡家族削弱贵族特权并试图驯服议会的做法也就不足为奇了。于是除了贵族，议会中还加入了来自城镇、神职人员和富裕农民的代表，这样他们就可以实行一种"分而治之"的政策。或者，他们可以完全忽略议会，不必得到许可再来立法，而是通过发布政令，以及调遣部队支持的长官来执行他们的意志。

贵族阶层之下是农民。他们的情况因地而异。尽管如此，19 世纪的奥地利统计学家还是得出了一个基于西部-东部"文化梯度"的粗略评估方法，它几乎是管用的。按照这个标准，越往东，人口在经济上越萧条、在文化上越贫乏。奥地利领地和远奥地利都很富裕，依靠城市、商业、矿产开采和很大程度上解放了的农民来维系，农民为他们的农场向地主支付租金，不必被迫从事繁重的劳役。然而，再往东，城市规模缩小、数量减少，并且人口开始稀疏。地主的需求则相应地加大了，因为他们需要奴隶般的劳动力来耕种他们自己的地产。

统治农村的贵族阶层在 17 和 18 世纪从农民那里榨取了日益沉重的税负。贵族领主与其佃户之间的关系长期以来被视为私人事务，政府不应干预。然而，哈布斯堡的统治者从一开始就利用他们的官员来钳制明显的不公现象。在 18 世纪，他们积极促进农民的权益，规定了田租和劳役的上限。对哈布斯堡家族来说，良好政府的种种好处不是专门留给特权阶层的。正如利奥波德二世（1790—1792年在位）所解释的那样，"君主必须时刻意识到……他们拥有现在的位子仅仅是出于与他人之间的协议；他们因此必须履行所有的职责和任务，正如理所当然期望他们做到的那样……君主必须时刻想到，他们不能贬低他人而不贬低自己"。皇后玛丽亚·特蕾西亚（1740—1780年在位）则更加简单明了，自称为"我国的首席母亲"。

哈布斯堡家族统治的领地历经岁月流逝而不尽相同，他们的头衔也是如此。王朝的目标和抱负同样不断变化，从收集王冠到拥护天主教信仰，从保卫欧洲抗击土耳其人到对抗革命共和主义的浪潮。在本书中，我们将探讨抱负、运气及使命的这些风云变幻。

第二章

帝国愿景：11至16世纪

中世纪的抱负

绝大多数中世纪的赝品都仿得不错。真正的宪章被复制，伪造的段落小心翼翼地插入到正文中，盖上徽记的封蜡也是从别处取来的。历史学家不断为其所惑。相比之下，接下来的例子则是一个明显的骗局。这就是 1358 年在哈布斯堡公爵鲁道夫四世的授意下起草的、据称是由尤利乌斯·凯撒颁布的宪章。

朕乃尤利乌斯·凯撒皇帝，诸神的信奉者，帝国土地上至高无上的奥古斯都，整个宇宙的助力者，带给奥地利及其子民以罗马的恩惠和朕的和平。朕命令你们服从那位崇高的参议员，朕的叔父，因为自朕胜利之后，朕把你们赐给他，赐给他的后嗣和家族，作为他及其子孙后代所有的永久封地，任何权力不得凌驾于他之上。朕把奥地利所有的果实都赐予他及其继任者；此外，朕还提拔朕的叔父及其继任者为罗马最核心理事会的成员，以便从现在起，任何重大的事务不得在他未能知晓的情况下得到解决。约定于罗马，世界的首都，星期五，朕统治的元年……

即使在当时，尤利乌斯的宪章也被认为是骗人的，原因是里面蹩脚的拉丁文和年代误植的内容。尽管如此，自14世纪以来，它就被用来支持哈布斯堡家族在神圣罗马帝国中卓越地位的主张。通过这一宪章，以及其他类似的欺骗手段（包括据称由罗马皇帝尼禄撰写的宪章），哈布斯堡家族"发现"他们享有大公头衔的资格。于是该王朝所有资深的成员都依据这个唬人的头衔把自己打扮一番，身披一件镶白鼬皮的斗篷，头戴一顶小王冠。

这些造假故事的背后掩藏着政治斗争和勃勃野心。11、12世纪，拉德博特和最早的哈布斯堡人已经试图在瑞士和上莱茵河地区划出一个自己的公国。然而，他们无法将互不相干的地产整合成统一的一大整块，因为该地区为太多敌对的领地、城邦和邦联所分割。最早的哈布斯堡人实实在在拥有的一样东西是钱，因为他们控制了位于众多高山牧场和山谷城市之间的阿尔卑斯山收费关隘。1273年，德意志诸侯推选哈布斯堡的鲁道夫为国王，希望他家族的财富能被利用来维持神圣罗马帝国的秩序。鲁道夫没有让他们失望，部署他的军队对抗强盗骑士，后者在莱茵兰[1]的城堡阻碍了商人和商业的流动。

如果鲁道夫一世一心寻求在罗马加冕，那么他是很有可能成为皇帝的。但是，他的主要兴趣在于各方争夺的奥地利和施蒂里亚公国。这两个公国原本属于巴本堡家族，然而该家族在13世纪40年代已然绝嗣，其领地为捷克国王波希米亚的奥托卡尔所夺占。鲁道夫向帝国的主要贵族陈情并得到他们的支持，迫使奥托卡尔就范。1278年8月，奥托卡尔的部队战败，波希米亚国王殒命。

鲁道夫对东部诸公国的占领彻底改变了哈布斯堡的权力基础，赋予鲁道夫及其后裔一块集中而富饶的土地。鲁

---

1 莱茵河以西地区的通称。——译注，下同

道夫的继任者陆续占领了邻近的福拉尔贝格、卡林西亚和卡尼鄂拉公国，后来又增加了毗连的的里雅斯特城和戈里齐亚-格拉迪斯卡伯国。然而，其他家族却继承了国王和皇帝的头衔。和哈布斯堡家族一样，卢森堡家族也在争夺奥托卡尔的遗产；它与已故国王的谱系联姻，从而获得了波希米亚的王位。1356 年，卢森堡的查理四世皇帝发布了所谓的《金玺诏书》(因其重要性而系上金玺或金质印信)，上面列出了七位被授权推选任何未来统治者的诸侯。哈布斯堡家族明显被忽略了。鲁道夫四世正是为了弥补这一怠慢而从事他的伪造工作，给予他的先辈可以追溯到古典罗马时代的家谱。其他家族拥有的地位可能源于一位近代皇帝的遗嘱，但哈布斯堡家族的尊荣却根植于尤利乌斯·凯撒的遗嘱之中。

鲁道夫四世所做的不仅是伪造文书。作为历史上著名的"创建者"，他试图使维也纳成为哈布斯堡伟大的实体象征，用来与查理四世皇帝的都城布拉格相抗衡。他建立了一所大学，并在维也纳成立了圣斯蒂芬教堂大合唱团。虽然维也纳在 1469 年才迎来了它的第一位主教，但对鲁道夫来说，重要的是这座城市应该看起来像有一座主教座堂。同样，由于圣徒能为一个王朝增光添彩，但哈布斯堡家族缺少这些，鲁道夫就逼迫教皇把 12 世纪的奥地利统治者"好人"利奥波德封为圣人。虽然利奥波德属于已绝嗣的巴本堡家族，而非哈布斯堡家族成员，鲁道夫却把利奥波德当成一位直系祖先，历任大公都以他命名表示纪念。

鲁道夫对其家族抱有的勃勃雄心也体现在他与蒂罗尔的寡居女伯爵签订的遗产协议中。根据协议条款，如果任一家族的谱系因缺乏继承人而断绝，另一家族将继承其财产。因此，当女伯爵于 1369 年去世，她的儿子又早亡在她前头的情况下，鲁道夫取得了蒂罗尔（尽管他不得不经过一番争夺才把领地留住），从而在他的奥地利领地和余下的哈布斯堡家族西面的属地之间建立了一道联系。

鲁道夫四世英年早逝，年仅 25 岁。由于鲁道夫没有儿子，他的兄弟瓜分了他的遗产，这笔遗产之后又在他们的继承人中继续分割。生物学上的运气把哈布斯堡家族从遗产分割的领土缩减中拯救了出来。1437 年，卢森堡的查理四世的儿子西吉斯蒙德皇帝去世，至死没有继承人。与此同时，哈布斯堡家族各个旁支不是已经绝嗣就是奄奄一息，留下了幼子作为继承人。1438 年，选帝侯推选已故皇帝西吉斯蒙德的女婿、哈布斯堡的阿尔贝特为国王。次年阿尔贝特临终前，他们指定了他的二代堂弟施蒂里亚的腓特烈为继承人，他现在是该王朝的资深成员。

腓特烈被选帝侯选中是因为没有其他人可以担任国王这一角色。不过，他看起来倒像是个君王，因为他身材高大，肌肉发达，有着长长的金发——从其波兰母亲那里继承来的外貌特征。他的母亲岑布尔加是一个有着惊人美貌和体力的女人，据说能够赤手空拳把钉子敲进橡木桌子。腓特烈作为德意志国王从 1440 年起开始了他的统治，随后于 1452 年在罗马加冕为皇帝，直到 1493 年去世。

AEIOU

历史学家对腓特烈三世的评价并不友好，他们过于轻易地接受后世称他为"大懒鬼"之类的描述，要不就是借用奥地利诗人里尔克的一句话，断言他一生的主要成就就是在逆境中统治了这么久："当持久成为一切，谁还谈什么胜利？"对腓特烈更为严苛的盖棺定论是将德意志日后的不幸归咎于他。腓特烈没有忙于打理神圣罗马帝国，设法为其政治带来秩序，而是退缩到地方上的维也纳新城，专注于哈布斯堡家族的事务。在四分之一个世纪的时间里，他都没有离开奥地利领地。把帝国重新塑造成一个现代集权国家的机会就这样丧失了。

然而，腓特烈意识到，要想有效地统治神圣罗马帝国，他需要强大的领土基础。国王和皇帝的职位很少带来物质上的回报，帝国议会也很少同意统治者向其提出的征税要求。腓特烈在位时期的大部分时间就这样花在了收回已被该家族其他分支继承的领地上。在大多失败的战争中，腓特烈通过暗箱外交，或是仅仅通过比他的亲戚活得更久达到了其目的。即便如此，在他统治的末期，他还是被对手匈牙利国王赶出了下奥地利和维也纳。

对腓特烈来说，旨在扩大家族利益的政策和旨在惠及神圣罗马帝国的政策之间没有区别。二者既相互强化，又相互交织。在他的授意下，编年史家和谱系学家写出了新的历史，其显示了哈布斯堡家族与帝国过去重要事件和人物之间的交互关系，这可以追溯到古典时代，甚至是《旧约》时代。这些历史大多是对 14 世纪晚期的文本《九十五位领主编年史》的重写，该文本叙述了"始自基督统治奥地利之前"的诸侯世代，在他们的传记中穿插了对罗马统治者和皇帝的概述。腓特烈是如此喜爱这部编年史，以至于他在维也纳新城圣乔治主教座堂的东墙上装饰了相应数量的领主纹章。在这些纹章中间安置着带有他的标志藏头文 AEIOU 的天使。尽管 AEIOU 可以有很多种解读——怀疑有数百种甚至更多——但占据主流的意思是："奥地利是全世界的皇帝"（Austria Est Imperator Orbis Universae）。

历史学家不停地嘲笑腓特烈三世的藏头文 AEIOU，说它就像鲁道夫四世的伪作一样虚张声势。然而，把这句诗当作他的墓志铭并非完全不适宜。15 世纪 30 年代末时，还很难想象哈布斯堡家族会成为神圣罗马帝国的持久统治者。然而到了腓特烈去世之时，难以想象的是还有任何其他王朝能够占据皇帝的位子。仅仅是凭借持久力，腓特烈三世便使哈布斯堡家族成了一个帝国王朝。

1486 年，腓特烈的儿子马克西米利安被推选为他的继承人和共同统治者，并在七年后他父亲去世时毫不费力地掌权。他的旅行日程显示他与其父大相径庭，因为他总是四处奔波，在任何一个地方很少逗留超过几个星期。这并非由于躁动不安。马克西米利安的统治风格取决于其个性和气质，而且由于他不可能同时无处不在，取决于其形象的投射。马克西米利安的肖像留存下来的有数千幅，这表明了他要使自己的脸在欧洲家喻户晓的决心。还有艺术家被招募来，以更加戏剧化的方式传播他的形象和成就。阿尔布雷希特·丢勒、阿尔布雷希特·阿尔特多费和一组不太知名的雕刻师为他设计了两个大型的木版画系列——《凯旋游行》和《凯旋门》，宣扬了马克西米利安的祖先和功绩。它们由环环相扣的印出的版画构成，打算在厅堂和宫殿里作为墙纸粘贴起来。

马克西米利安在自我塑造上很是活跃。他监督了两部寓言体自传的创作，在其中把自己描绘成具有骑士精神的"白色国王"（Weisskunig），一心追求骑士风尚、英雄救美和圣战。马克西米利安对历史和宗谱的涉足也同样令人着迷。当大多数统治者都满足于追溯他们的世系到特洛伊人的时候，马克西米利安甚至追溯到更早的挪亚：他威逼维也纳大学的神学院确认他的《旧约》祖先。（追溯到比挪亚更早的时候毫无意义，因为我们都是亚当和夏娃的后裔。）他还向外扩建自己的网络，通过婚姻和亲戚关系将他的家谱与先知，希腊和埃及的半神，百位教皇、圣徒和殉道者，以及欧洲所有的统治家族联系起来。

我们可能把所有这一切视为其自大狂的表现，然而，马克西米利安头脑中的幻想是与其亲身的行动相一致的。1477年，趁着勃艮第的查理公爵战败并去世，马克西米利安匆忙赶去保护查理的女儿玛丽。在与对手为争夺玛丽的玉手而大打出手之后，他迎娶了玛丽并攫取了她遗产中最大最好的那一部分；剩余的部分则被法国夺取。之后，他又与法国人争夺米兰的归属，并随之与威尼斯开战。

王朝的振兴不仅激发了马克西米利安的宗谱幻想，也促成了他与西班牙的统治家族以及与匈牙利和波希米亚的雅盖洛国王的联姻计划。伯恩哈德·斯特里格尔大约创作于1516年的马克西米利安及其家族画像（见图3），就颂扬了马克西米利安的诸多计划，并预料到它们的实现。为了庆祝雅盖洛王子路易与马克西米利安的孙女玛丽的订婚，斯特里格尔把路易表现为马克西米利安家族的一员。十年后，路易之死会赋予马克西米利安的孙子斐迪南（在斯特里格尔的画中偎依着老皇帝胳膊的那个）机会，让他接替路易成为匈牙利和波希米亚的国王，并为哈布斯堡家族赢得中欧。

图 3. 《马克西米利安一世全家福》，伯恩哈德·斯特里格尔 1516 年作。上排：马克西米利安一世、"美男子"腓力和勃艮第的玛丽。下排：未来的众君主，斐迪南一世、查理五世和匈牙利的路易二世。这张全家福是一幅虚构作品。玛丽眼望天空正是因为她在 1482 年早已离开人世。腓力于 1506 去世。查理和斐迪南分别在低地国家和卡斯蒂利亚被人带大，直到 1517 年才初次见面

在帝国内部，人们普遍担心马克西米利安会利用他的威权从诸侯和城邦处榨取士兵和金钱，以增进他私人的利益。不过显而易见的是，为了维护帝国边界以内的和平，同时应对东方日益增强的奥斯曼土耳其人的威胁，需要进行某种改革。然而，主要由于马克西米利安的反对，建立一个由帝国议会任命的政府和裁决各种争端的新的司法机关的计划遭受了挫折。新的政府机构和经过改革的税收制度没有能够建立起来，两个针锋相对、管辖权重叠的高等法院反倒成立了——一个由议会任命，另一个则由皇帝主持。在缺乏一个强大核心的情况下，实权继续由地方诸侯及领主和城邦组成的地区集团行使，这些诸侯和集团渐渐接管了维持和平的任务。因此，神圣罗马帝国以它从中世纪继承而来的几乎一模一样的形式进入了近代时期——一个由支离破碎的领地组成的松散联合体，依靠一个名称和对一个单一的统治者名义上的忠诚联系在一起。

查理五世与西班牙

斯特里格尔的画像中居中展现的是未来的皇帝和西班

牙国王查理——一个并不起眼的年轻人，而且就像画中一样，他的嘴巴永远张着。1516年，这个年轻人继承了西班牙，因为其父与胡安娜的婚姻使他成了西班牙王位的继承者，胡安娜是卡斯蒂利亚的伊莎贝拉和阿拉贡的斐迪南的女儿和唯一幸存的孩子。他的西班牙属地包括西西里岛、意大利南部和撒丁岛，1510至1520年间通过吞并北非海岸的多处飞地以及后来吞并突尼斯又得以扩大。同样是在查理作为西班牙国王的统治期间，新大陆的大部分地区落入了西班牙之手——墨西哥在1519年之后，以秘鲁为中心的前印加帝国在1529年之后。1526年，一支来自西属加勒比岛屿伊斯帕尼奥拉岛（今分属多米尼加共和国和海地）的探险队在后来的美利坚合众国的领土上，今天的佐治亚州的海岸，建立了第一个被命名的定居点。在更加遥远的地方，1521年探险家麦哲伦宣称菲律宾为西班牙所有，其名字的由来是后来为了纪念查理的儿子腓力。

查理第一次到达西班牙后不久，就发生了反对他统治的起义，这主要是由于他的勃艮第廷臣的贪婪，他们业已开始掠夺西班牙的岁入。叛乱遭到了镇压，但查理从中吸取了教训。此后，在西班牙和其他地方，他首选的统治方法是与当地的掌权者和精英合作，遵从他们的特权，并寻求达成共识。虽然他一般不把政府的实际运作委托给西班牙的贵族大公，但却让他们担任海外的军事指挥和总督之职。他还允许他们加入金羊毛骑士团，该骑士团最初是勃艮第骑士团体，成员在其会议上能够与君主平起平坐。

查理对谈判的偏爱在他与卡斯蒂利亚和阿拉贡的议会打交道的过程中表现得最为明显。他大约每三年会见一次卡斯蒂利亚议会，大约每五年会见一次阿拉贡总议会。西班牙的地方议会一般有个规定，只有等到统治者答应他们的要求，才缴付新的税收，但查理却从未屈从于这一规定。尽管如此，通过听取议会和总议会的请愿，并经常把它们颁布为法律，查理强化了君主和臣民之间存在一种契约，以及王权并非没有限制，而是在一定程度上受到宪法约束的理念。

查理的政治美德是出于财政上的迫切需求。他需要金钱。在卡斯蒂利亚，他作为君主有权征收一系列的税项，而不必经过议会的同意。这些总是他最先征收的岁入，用来支持他的冒险远征，或是作为贷款的抵押。在那之后，他依赖于议会的财政特别投票，这意味着必须召集议会。

至 16 世纪 30 年代，卡斯蒂利亚议会不断抗议：王国的财富被耗尽而国王在海外挥霍无度；议会还抵制查理种种加税的要求。然而，到了这个时候，查理已经取得了新的资金来源——来自新大陆的收益，并且不久之后又增添了玻利维亚银矿的利润。即便如此，从西班牙和新大陆获得的资金总额仍然不足，查理不得不向德意志和意大利的银行家借款，而其利率通常是毁灭性的。尽管进行比较可能会产生误导，但就其主要对手而言，查理从西班牙及其海外属地获得的收入略少于法国国王收入的一半，更不及奥斯曼苏丹收入的四分之一。

缺钱并不能限制查理的野心。就如他在 1527 年向卡斯蒂利亚议会解释的那样，"一位君王仅仅由于囊中羞涩就放弃担当行动是非常懦弱的，因为在荣誉的问题上，君王不但必须赌上自己的性命，而且必须押上国库的岁入"。在查理 40 年统治的一半时间里，他与法国交战，在意大利、比利牛斯山脉及神圣罗马帝国西部边境的沿线作战。他在多瑙河上与奥斯曼土耳其人交锋，率领舰队对抗他们的北非盟友，纵横征战整个神圣罗马帝国。他的诸位西班牙前任的两句口号"荣誉"和"名声"驱使他奋勇向前，誓要收复 1477 年败给法国后失去的勃艮第领地（事实证明是徒劳的），伸张自己在意大利的主张（这一点上他取得了成功），并推进对教会敌人的斗争（这方面他很大程度上失败了）。

在回顾自己的人生历程时，查理在布鲁塞尔向听众列举了他的旅行经历："我去过德意志九次、西班牙六次、意大利七次；我来过佛兰德十次，并在战争与和平时期到过法国四次、英格兰两次、非洲两次……其他次数较少的旅行就不提了。我在地中海航行过八次，在西班牙海域航行过三次……"他佩戴的个人徽章是座右铭为 Plus Oultre（"继续前进"）的赫拉克勒斯之柱图案，象征他的统治时期大部分时间要么在马背上度过，要么在轿舆上度过（由于痔疮和痛风）。但是，查理并非像老一辈的历史学家曾经描述的那样，是中世纪的代表，是向过往时代的倒退。在西班牙，他立足于其前任打下的基础，同时又借鉴勃艮第的经济举措，推行了一项机构改革方案。由配备律师和熟练文秘（他们常常来自下层贵族和城市贫民）的理事会和委员会负责监督政府的事务，为讨论准备提要，并向他提出建议。政府规模仍然很小。在不少地方和城市，令状几乎无法执行；而在动荡不安的阿拉贡王国，王室意志经常遇到挫折。尽管如此，查理作为人力和资源的善用者，其成就的标志之一便在于他能够用相对较少的资源干成如此之多的事情。

分裂的帝国

1519 年，查理在缺席的情况下被推选为神圣罗马帝国皇帝，成为他祖父马克西米利安的继任者。查理匆忙赶到德意志，在亚琛加冕为"罗马人民的国王"。不久之后，他在沃尔姆斯主持了帝国议会的会议。就是在这里他遇到了马丁·路德。路德在议会前重申了他那些有争议的信仰，而查理则确定了它们是异端邪说。查理给出的理由是颇令人信服的——路德认为教会一千年来都是错误的，但在查理看来，更可能的情形是，"如果单单一个僧侣的意见与整个基督教世界的观点相左，那么错的必定是他"。根据查理的解释，他的西班牙祖先和帝国的先辈"在任何时候都是天主教信仰，其神圣仪式、教令和规条，以及其神圣典礼的捍卫者"。查理因此别无选择，只能谴责路德为不法之徒并禁止他的教义。

在议会会议结束之后，查理回到了西班牙。他任命弟弟斐迪南为神圣罗马帝国的摄政王，并把位于奥地利的哈布斯堡领地分给了他。然而，斐迪南无法阻止路德的教义和路德激发的新教改革的传播。尽管还要再过20多年帝国的大多数诸侯和大领主才会最终站到宗教改革的一边，他们中的大多数人当时还是采取了一种宽容的立场，不希望冒犯他们的封臣，或者激化他们与城邦之间的关系，新教义已经在这些城邦早早建立了立足点。更极端的新信仰也在蓬勃发展。它们经常与天启教义相结合，灌输社会革命的思想，并促成了1525年德意志大规模的人民起义——被称为"农民战争"。十年后，明斯特市在一群自封的先知的统治下建立了一个神权政体，为末日的来临做准备。这场运动被明斯特的主教镇压了。先知处决后的尸体被装进铁笼里示众，这些铁笼至今仍然悬挂在明斯特主教座堂的高墙上。

斐迪南自己也有不少紧迫的问题。按照他祖父的安排，1521年他娶了匈牙利和波希米亚国王路易的妹妹安妮。第二年，路易娶了斐迪南的妹妹玛丽，哈布斯堡和雅盖洛两大家族就这样在一场双重婚姻中联合在一起了。然而，1526 年，路易国王在莫哈奇战役中被土耳其人杀死。斐迪南迅速行动起来，用他批评者的话来说就是，以一笔嫁妆的方式将波希米亚和匈牙利据为己有。但在匈牙利，议会要求拥有推选已故国王继承人的权力，而且硬是任命了两位国王——斐迪南和匈牙利的头号大地主约翰·绍波尧伊（佐波尧），后者迅即与土耳其人结盟。从这一刻起，斐迪南失去了匈牙利绝大部分领土的控制权。1529 年，奥斯曼帝国的军队突破了哈布斯堡守军并包围了维也纳。斐迪南一心想着保住奥地利属地以及索取匈牙利，因此未能采取坚决的立场反对宗教改革，因为他需要一个统一的帝国议会来投票供给他现金和军队。然而，在他自己的属地内，他取缔路德教派布道并禁止新教著述的传播。

查理一直坚持寻求"基督徒之间的和平"。他希望谈判和妥协能够产生针对宗教僵局的解决办法。1530 年，争取到教皇在博洛尼亚将其加冕为皇帝之后，他返回帝国，目标是能够找到一种弥合各信仰间分歧的神学方案。当此举失败后，他推动继任的历届教皇对教会着手改革，希望借此重振天主教，并纠正新教徒所抱怨的那些弊端。查理相信教会总理事会是进行改革的最佳工具，但历届教皇唯恐总理事会篡夺他们的种种特权。直到1545年，总理事会才在特伦特召开并迅速确认了天主教教义，这些教义对大多数新教徒来说是不利的。

由于预料到帝国终将发生一场军事决战，查理在1545年准备了详尽的德意志领土"彩绘地图"，展示了"诸多城镇的位置和它们之间的距离，以及河流和山脉"。查理还在政治上做了准备。他并未挑起一场宗教战争，而是以他们占据了无权占据的领地为借口，发动了针对领头新教诸侯的攻击。此举分化了敌人并为1547年查理在米尔贝格的惊人胜利铺平了道路。然而，他的胜利太过彻底，以至于无法持久。五年后，一个名为"自由和解放"的新教联盟在法国国王的支持下，将查理送上了逃亡之路。

查理把帝国和平的谈判事宜交托给了斐迪南，这是在1555年于奥格斯堡举行的一系列讨论赋予诸侯和领主在天主教会和路德教派之间进行选择的权力之后。此时的皇帝身体和精神已经到达了极限。在作为皇帝的最后岁月里，他每天不是发呆就是哭泣，再就是把钟表拆卸了，又让仆人原样装好，全都同步走时。1555 年后，他放弃了自己的王国，退休隐居于卡斯蒂利亚的尤斯特隐修院。他于 1558 年在此地逝世。在宗教之争中，妥协政治已然暴露了它们的局限性。

第三章

"仿佛各自为王"：
16及17世纪

王国与加冕

查理统辖的领地在当时不仅被拿来和罗马帝国相比较，而且被认为更加广大，超过罗马帝国的陆地面积许多倍。查理卖弄着这种自负，这既体现在他的赫拉克勒斯之柱的徽章上，也表现在他组织罗马式的"凯旋"来庆祝自己的胜利上。查理的众多领地和王国的规模似乎实现了"世界帝国"的文艺复兴梦想，基督徒在一位统治者的治下和睦共处，这位统治者将开创一个新的黄金时代。在一篇基于天启预言的补充性读物里，查理被视为"末代皇帝"，他的统治预示着与敌基督的最终决战，以及最后的审判。这些预言与查理的历届前任所宣扬的王朝使命的神秘性是相一致的。

然而，查理并不理解"世界君主国"在政治和制度方面的含义。他没有试图一统治下迥然相异的诸王国，而是通过各自领地和王国的独立政府来治理。虽然他深信诸王国在他身后应该保持某种联盟，但并没有强迫它们接受一个单一的继承人，因为他知道，不论是他的儿子腓力还是他的弟弟斐迪南都不愿意把权力拱手相让。相反，他把自己的西班牙属地连同低地国家分给了腓力，而奥地利领地则仍然留给了斐迪南，以便更大限度地支持他的匈牙利和波希米亚王国。斐迪南于 1531 年被推选为"罗马人民的国王"，并在其兄退位后继承了帝国头衔。

查理并非像一个全体人的统治者那样统治他的诸多属地，而是正如一位后来的西班牙法学家所解释的那样，"仿佛将众属地抱成一团的国王只是众属地各自的国王"。因此，他的许多领地都是作为一个"复合君主国"来治理的，其各部分仅仅是由君主的身份联合起来。对查理来说，道理很简单。他写信给他的儿子腓力（也就是后来的西班牙腓力二世）说："每个民族都必须受到尊重，并根据其人民的特性来区别对待。"查理因此与传统体制相互协作，并遵守他的不同王国各自的习俗。这样，本地贵族、地方特权、市理事会、帝国和王国议会的被咨询权，以及古老的法律，大部分都保持了原貌而未受干扰。正如西班牙的腓力二世将要学到的，挑战这些体制中任意其一都可能引发一场政治危机。

尊重既定的权利和自由不仅是政治权宜之计的结果。它也被写进了查理及其历代继任者所承诺的最为重要的法律条文中。作为卡斯蒂利亚、阿拉贡、波希米亚和匈牙利的国王，以及神圣罗马帝国的皇帝，在他们各自的加冕和授权仪式上，哈布斯堡王朝的历任统治者都发誓要维护他们臣民的自由和解放。在卡斯蒂利亚和阿拉贡，没有正式的加冕仪式，只有一个公告，但王位继承人仍然要在议会和总议会之前承诺维护其臣民的权利以换取他们的忠诚。在阿拉贡的总议会上，集会的代表向统治者宣誓，以一份共同的契约在事实上将双方绑定起来："和您一样优秀的我们向并不优于我们的您发誓，只要您遵守我们所有的自由和法律，我们就接受您为我们的国王和君主，但如果您拒绝，那我们就不接受。"在低地国家的诸伯国和公国，统治者首次访问各地时都要发誓遵守当地的法律和特权。

这些"令人愉悦的条目"的文本经常被印刷和分发，作为新任君主种种承诺的证据。

在神圣罗马帝国和匈牙利，加冕誓言由议会决定的正式协议或"条约"扩充而来。在帝国，这些条约于1519年首次出版。在匈牙利，斐迪南和他的历代继任者甚至在加冕时同意，假如他们侵犯了贵族阶层的特权，允许后者拿起武器反抗他们。斐迪南后来试图将这个讨厌的"抵抗权"从匈牙利法律中剔除，但以失败告终。葡萄牙在一场继位危机后于1580年落入腓力二世之手，它的统治者宣誓同样有一长串的附加条件。腓力在葡萄牙议会的一次特别会议上庄严宣誓要遵守这些条件。

在波希米亚，一种不同寻常的安排盛行一时。15世纪时，波希米亚已被宗教改革的先驱胡斯异端所席卷。直到15世纪30年代，同时也是波希米亚国王的皇帝西吉斯蒙德同意签署《布拉格协约》，这个王国才赢得了宗教和平。这些协约承认了波希米亚教会的不同做法，特别是在庆祝弥撒和组织神职人员方面。协约后来被教皇谴责为异端。即便如此，斐迪南和他的儿子马克西米利安二世在他们作为波希米亚国王的加冕典礼上，还是同意维护协约，就算他们支持的条款被认为是异端邪说。

政府与宫廷

16世纪哈布斯堡统治的首选方法是"理事会式的"。这意味着哈布斯堡的君主尽其所能地借助委员会进行治理，政府职能移交给主要由专家组成的诸多会议。这些委员会的首脑都是文秘（又称为"超级文书"），常直接向统治者汇报，从而为后来的内阁政府铺平了道路。

不过，即便是在理事会政府最为发达的卡斯蒂利亚，贵族大公仍然主导着国务理事会，有关涉外事务和政策框架的最重要的决策均由它作出。主要的贵族在哈布斯堡低地国家的国务理事会中也占据着类似的位置。他们还担任了国外的长官和总督职位，尽管君主的女性亲属在低地国家通常更受欢迎。然而，政府的实际工作越来越多地由配备行政人员的理事会接管。在卡斯蒂利亚，财政理事会逐渐决定政策，而在低地国家，枢密院（在国内事务上为统治者或摄政王出谋献策）以牺牲国务理事会为代价增加了影响力。

司法监管也变得更加专业了。曾经由贵族官吏和贵族陪审领导的高级法院让位于由训练有素的律师管理的法院。律师通常受过罗马法的教育，它重视成文法，而不是含糊不清且往往非书面的习惯法。通过要求书面证据，罗马法置许多贵族人于不利地位，因为他们的权利从来没有正式入文。罗马法学家的口头禅是"凡使君主高兴的便具有法律效力"，它授权君主通过政令进行立法，干涉法庭事务，并凌驾于既定权利之上。正如低地国家的最高法院院长所说的那样，"所谓推定总是有利于君主本人的司法的，以至于如果君主下达违反神圣法律的某事，比如绞死或谋杀正在审讯中的某人，或是类似的事，当事人务必服从"。

然而，在哈布斯堡家族统治的大片地区，理事会式的政府几乎不可能存在，因为有效行使统治者权力的基础已经缺失了。在奥地利领地，公爵治理只是统治者私人资源管理的同义词。议会及其委员会行使了奥地利领地上政府的许多职能，在首席大臣的人选上也有发言权。在波希米亚和匈牙利，议会以类似的方式控制着政府，以至于在波希米亚，国王的几乎所有主要官员都由议会任命。

在他 1527 年颁布的《御前会议条例》中，斐迪南在维也纳成立了一系列的理事会来协助他处理统治事务——包括大臣御前会议、财政御前会议和枢密院。1556 年，在此前的数目之上，他又增加了一个军事御前理事会。历史学家通常将这一条例视为"中央集权化"和"现代化"，以及将斐迪南的奥地利、匈牙利和波希米亚属地熔铸成一个单一的行政单位的一次尝试。但这既不是斐迪南的目的，也非其遗产。各个理事会的权限是不断变化的，可它们从未提供行政上的统一以及历史学家所寻找的那种中央集权政府。

斐迪南在波希米亚和匈牙利建立了单独的摄政理事会，它们日益成为政府和司法有效的治理工具。然而，正是这些摄政理事会的成功深化了哈布斯堡领地在中欧的分崩离析。在他统治的最后岁月，斐迪南按照将王朝的属地分给儿子的哈布斯堡传统，分割了他的属地。斐迪南的长子马克西米利安于 1562 年被推选为"罗马人民的国王"，又在两年后继斐迪南成为皇帝。他还接替其父成了波希米亚和匈牙利的国王，以及上奥地利和下奥地利的公爵。斐迪南分别把蒂罗尔，以及施蒂里亚、卡林西亚和卡尼鄂拉公国托付给了他的另外两个儿子斐迪南和查理，它们也脱离了 1527 年建立的体制框架。斐迪南就这样把一份分割的遗产留给了他的三个儿子。

哈布斯堡的统治所代表的不仅仅是与统治者个人联系起来的领地和王国，这一观念在宫廷和仪式中得到了彰显。在马德里或其附近地区，以及维也纳和布拉格的皇家及帝国宫廷，是君主政体的展示场所，旨在产生视觉上、智力上和情感上的效果。而宫廷生活则建立在严格的礼仪和繁复的场面之上，其中君主本人，用一位精明的西班牙观察家的话来说，变成了"仅仅一种仪式"。这一仪式的方面在维也纳和布拉格还结合了异国情调和最新的科学成就，包括一座天文台和一个动物园，动物园内有猴子、一头狮子和一只鸵鸟（大象早早死亡了，无法收入园中）。在维也纳的霍夫堡宫近旁，马克西米利安二世在 16 世纪 60 年代还建造了一座采用古典希腊技术的竞技场，用于马术的比赛和仪式展示。马克西米利安的基金会配备了来自西班牙安达卢西亚的骏马，这些马匹随后又在的里雅斯特附近的利皮扎（即今日斯洛文尼亚的利皮察）进行了杂交，为后来维也纳的西班牙马术学校打下了基础。马克西米利安二世的弟弟，蒂罗尔的斐迪南，在因斯布鲁克郊外的安布拉斯城堡拥有自己大量的（并存世至今的）"奇珍异物"收藏——日本武士的盔甲物件、不同寻常的珊瑚和吓人的肖像。

中欧的众多宫殿与马德里郊外腓力二世的埃斯科里亚尔宫相比要相形见绌多了，后者在16世纪80年代被一些来访的日本贵族形容为"比我们迄今为止所见过的或想象中能看到的任何东西都要壮观"。埃斯科里亚尔与其说是宫殿，不如说是陵墓，它的中心是一座隐修院和国王收藏的7000件圣物，包括10具圣人和殉教者的尸体、144个头颅、306条各式各样的胳膊和腿。西班牙驻海外代表的诸多宫殿也同样精美绝伦。在君主被仪式日益遮掩起来的时代，新大陆的西班牙总督通过壮观的游行队伍公开宣示他们的存在。墨西哥城和利马的众多皇家宫殿都拥有宏伟的楼梯、宽阔的阳台和宏大的广场，其设计的目的是炫耀总督作为缺席国王替代者的威严。

哈布斯堡的宫廷吸引着请愿者、寻求委托的艺术家以及寻找赞助的学者、巫师和炼金术士。它们也是遍布哈布斯堡领地的主要贵族、高级教士和冒险家会面、彼此及和统治者谈判、包办婚姻的场所。许多人甚至买下了宫廷附近的房产。哈布斯堡的王公和夫人往返于西班牙和中欧时经常有大批扈从陪同，这些人需要安置。哈布斯堡的宫廷因此不仅充当着广袤的哈布斯堡属地的世界性缩影，也是聚集之所，在这里捷克人、匈牙利人、佛兰芒人、德意志人和西班牙人汇集于统治者面前并效忠于他。

宗教与反抗

查理五世的儿子西班牙的腓力二世在天主教信仰问题上毫不妥协。正如他多次解释所说："我宁可失去所有的领土和一百条性命（假如我有的话），也不愿在宗教和侍奉上帝方面受到最小的伤害，因为我无意统治异教徒。"历史学家近来把注意力放到腓力对跳舞、竞技的热衷和对女色的沉湎上，但围绕着他统治时期的"黑色传说"却难以消除。腓力迫害了所有可能被怀疑不忠于天主教的人，其后果是人文主义的探索在西班牙被削弱，学术上的"自我审查"开始生根。学生被禁止出国留学，以免他们遭遇不受欢迎的信仰。巴利亚多利德和塞维利亚新兴的新教社区被铲除，大约 100 人被烧死。腓力狂热地建议驱逐西班牙穆斯林，他们是伊斯兰教统治西班牙大部分地区时期的遗产。一些穆斯林是奥斯曼帝国的"第五纵队"，但西班牙犹太人并非如此，他们也被从腓力的属地上驱逐了。

腓力坐落在埃斯科里亚尔的私人住所俯瞰着花园，但越过花园，一派光秃秃的景色在万里无云的天空下终年经受着炙烤。外观上的这种严酷与腓力实施政策时毫不妥协的方式相对应。16 世纪 60 年代，当低地国家的贵族抵制他的行政改革时，他将他们排除在政府之外。当他们与人数虽少但吵吵嚷嚷的少数新教徒合作并要求宽容时，他拒绝让步。当不满情绪转向叛乱时，他派遣了一支军队并强加给他们一个政权，该政权处决了将近 2000 名异教徒和叛乱分子。施蒂里亚大公查理虽然并非新教徒的朋友，但他敦促腓力以"仁慈和同情"来争取他的臣民；可腓力更喜欢这种统治方式，用他的大将的话来说，就是在他的统治之下"每个人都有此种感觉，即不知道在哪一个良宵或吉晨，家里的房子就会塌了"。

卡斯蒂利亚议会抵制把钱送到国外去，于是腓力就通过向低地国家的城市征税来筹措军饷。这一权宜之计被证明并不足够，发不出饷的部队发生了兵变，劫掠了这片领地，并在 1576 年洗劫了安特卫普。尽管通过与低地国家南方诸省的贵族领袖谈判交易，腓力得以保住他的一部分属地，但西班牙还是永久地失去了其余的部分，这很大程度是由于他的不妥协态度造成的。七个北方省份于 1581 年后组成了一个独立的新教共和国——荷兰联合省。即便如此，腓力不仅维持了在低地国家的战争，还将其同一个入侵英格兰的计划合在一起。但他庞大的无敌舰队于 1588 年灰飞烟灭。在很长一段时间里，他还认真地讨论过一个计划，把菲律宾作为入侵中国、让其皈依天主教的跳板。

与腓力相比，斐迪南更有可能做出让步。正是他在 1555 年接受了《奥格斯堡和约》，允许帝国的诸位君主和统治者信奉路德教派。他的宫廷对"温柔的良心"持开放态度，他还亲自敦促教皇做出妥协，为宗教和解开辟道路。他的儿子马克西米利安二世甚至更为宽容。私下里，他坚称自己既不是天主教徒也不是新教徒，而只是一个基督徒。尽管如此，他还是把路德的《圣经》放在床边，并欢迎新教的贵族和传道者到访他的宫廷。他还取消了他父亲的反犹立法，尤其支持布拉格的犹太人的种种权利。他们在该城的数量从几十人增加到数千人，布拉格因而成为了继君士坦丁堡之后欧洲最大的犹太人口中心。

到16世纪中叶，新教已经大规模侵入奥地利领地，以至于大多数隐修院被废弃，有天主教神父的教堂也寥寥无几。即便是在幸存下来的蒂罗尔的施塔姆斯修道院，几乎所有的僧侣小房中都被发现藏有路德教派的小册子。不管他的宗教信仰如何，马克西米利安二世对主要由新教徒组成的议会的要求做出让步，授予奥地利领地忏悔自由，这在政治上是有其道理的。反其道而行之可能会危及议会投票通过的税收。

在马克西米利安领地上的其他地区，与此相同的情况颇为普遍。在匈牙利，路德教派早于16世纪20年代就在该王国的众多城市中扎根。但赢得乡村支持的却是更为严厉的约翰·加尔文的新教教派。加尔文主义对神圣天意的强调适合于匈牙利人，因为它为他们的国家被土耳其人和哈布斯堡家族占领提供了一种解释。由于其呼吁对道德和行为进行神圣的改革，加尔文主义也展示了上帝的恩典如何被利用来参与到对抗外国人的斗争中。在波希米亚，路德教派与胡斯教派更为温和的一个分支——体血并领派——也一道兴盛起来。其他新教派别则在东部的波希米亚王室领地摩拉维亚找到了特殊的避难所，该地在当时被认为是"地球上可能存在的所有异端邪说的大熔炉"。一位评论家列出了那里 25 种不同的异端邪说——比如亚当派，对于他们来说虔诚意味着赤裸；魔鬼派，他们的信仰使其像疯子一样狂怒；同居派，他们拒绝婚姻；等等。

马克西米利安的两个兄弟，蒂罗尔的斐迪南和施蒂里亚的查理，都不认同皇帝在宗教上模棱两可的态度，坚定地留在天主教阵营。1579 年，他们共同拥抱了一个将奥地利领地重新天主教化的计划。宗教迫害及强迫关闭新教教堂，与复兴隐修院及重新强调天主教信仰教育被结合在一起。通常人们会把随之而来取得的进展归功于耶稣会的教职修会，但这就落入了耶稣会会士及其敌人的宣传。其实更多地要归功于那些艰辛地致力于重建天主教学校和隐修院的改革派主教。16 世纪 90 年代，帕绍和维也纳的主教带头镇压了发生在上奥地利和下奥地利的一次农民起义，他们之后把军队遣散到乡村迫使农民皈依。

鲁道夫二世皇帝在其父马克西米利安之后于 1576 年

继位，他总是反复无常。作为一个隐士和艺术的超级赞助人，他很容易被知性方面的异国情调所吸引。正如他的兄弟所评论的那样，"陛下只对巫师、炼金术士、卡巴拉教徒之流感兴趣，不惜一切代价寻找各种宝藏，掌握秘辛，并用可耻的方式伤害敌人……他还有一整个图书馆的魔法书。他花尽所有时间企图彻底消灭上帝，以便将来能侍奉另一个主人"。然而，从 1600 年左右开始，当所谓的"西班牙派"在他位于布拉格的宫廷中取得上风时，鲁道夫开始推动天主教或反宗教改革运动。在匈牙利，他以捏造的罪名逮捕了主要的新教贵族，之后在 1604 年，他完全禁止新教，派遣军队关闭了教堂。

特兰西瓦尼亚公国是 1526 年被推选的匈牙利国王、斐迪南的竞争对手约翰·绍波尧伊创建的。由于无法取得他对匈牙利王国整体的主权要求，绍波尧伊只好撤退到特兰西瓦尼亚高地，这块高地在 1570 年被国际社会承认为一个隶属于其自身君主的独立公国，君主由特兰西瓦尼亚议会推选产生。特兰西瓦尼亚的贵族大多是加尔文主义者，他们支持宗教信仰相同的匈牙利人反对鲁道夫二世。由于在战场上失利，鲁道夫被迫让步，于 1606 年的《维也纳

条约》中同意在匈牙利实行完全的宗教自由。在意识到鲁
道夫的弱点后，波希米亚议会迫使他做出类似的让步，包
括在王室和教堂领地上举行新教仪式的权利。在 1609 年
的《陛下敕书》中，鲁道夫同意由一个名为"捍卫者"的
议会常设小组委员会来监督宗教和解。他承诺，"从今以
后，任何自由的贵族或城镇和村庄的居民，包括农民，都
不应被更高的权威或任何人——无论教徒还是平信徒——
强迫放弃他们的宗教，或被迫以任何方式改宗"。鲁道夫
给予上奥地利和下奥地利的市民和贵族同样的权利。

军事边疆

1526 年往后的 30 年里，哈布斯堡家族和奥斯曼土耳
其人在中欧几乎一直处于战争状态。1529 年，不仅维也
纳遭到围困，奥斯曼帝国的散兵还深入奥地利腹地攻击和
劫掠。1541 年苏莱曼占领了匈牙利中部。现在是匈牙利
主要观光景点的位于布达的圣母教堂（"马提亚教堂"）被
改造成了清真寺。苏莱曼几乎每年都从被占领的匈牙利向
西发动战役，试图从斐迪南一世手中夺取更多的领土。

苏莱曼死于 1566 年的战役。此后，冲突有所缓和，主要战场转移到了地中海。尽管如此，卫戍部队的劫掠和试探性的远征仍在继续。马克西米利安二世的奥斯曼帝国专家曾写道："就如同一只狂怒之犬，土耳其人总是在我们的边境四处咆哮，试图破门而入，一会儿在这个地方，一会儿又在那个地方。"大多数劫掠的目的不是为了偷牛就是为了迅速发展起来的抓俘虏以换取赎金的生意，但它们也可能演变成全面战争。由波斯尼亚的土耳其帕夏组织的掠夺远征和小股突袭就拉开了 1593 至 1606 年的"长期战争"的序幕。

从 16 世纪中期开始，军事行动常常陷入导致军事僵局的长期围攻的泥沼。其中的原因在于坚固的防御阵地的不断发展，这些阵地常包括整座城镇，由意大利和西班牙的工程师根据最近的军事革新设计。由于被棱堡及厚厚的土墙环绕，这些新要塞很难占领，守军也常熬到缺粮才不得不投降。为了成功地把城围住，切断守军的补给线，需要庞大而昂贵的军队。

与匈牙利王国合并的克罗地亚王国占据了至关重要的战略地位，它控制着从奥斯曼帝国的领土通往奥地利公国卡林西亚、卡尼鄂拉和施蒂里亚的陆上要道。斐迪南一世于16世纪20年代开始了在克罗地亚领土上安置难民、给予他们土地以换取军役的政策，这些难民大部分是塞尔维亚人。

边疆居民在16世纪70年代大约有6000人，但他们的纪律很差。正如一位卡尼鄂拉贵族所言："他们喜欢抢劫、偷窃和掠夺，没有抢劫和谋杀就无法生存。"一些边疆居民也像海盗一样出海，在亚得里亚海上无差别地劫掠船只。尽管如此，边疆军队构成了哈布斯堡防御体系的"外部堡垒"。他们无比忠诚，在17世纪甚至代表王室被调去镇压匈牙利叛乱分子。

战争的花费是高昂的。在16世纪70年代相对和平的时期，匈牙利的要塞和驻军的维持和修缮花费了160万弗罗林，而克罗地亚的军事边疆又加上60万弗罗林。克罗地亚边疆的军饷筹措直接由邻近的奥地利公国的议会负担。奥地利其他省又为总预算添加了60万弗罗林。由于帝国议会的贡献是间歇性的，这导致了每年100万弗罗林的赤字。以往人们认为这个缺口是由西班牙的汇款补足的，但腓力二世需要他所有的资金来进行在低地国家的战争。

我们现在所知道的是，匈牙利娴熟的财务管理产生了可观的收入。资源得到了利用，特别是在通行费的征收权和其他垄断权方面，被赠予的皇家领地也被收回。到 16 世纪 70 年代，匈牙利国库的岁入达到了 65 万弗罗林。其他用于军事目的的资金则是就近取得，从未经过国库账簿。其余的钱是借来的，而且借了就很少还。

1606 年，哈布斯堡家族与奥斯曼苏丹达成了一项持久的和平协议。到了此时，土耳其武装的弱点已经暴露无遗。腐败导致了太多的损失，而奥斯曼帝国的战术和后勤没有跟上军事创新的步伐。在此之前，奥斯曼帝国的威胁削弱了反对新教的斗争，因为土耳其人可以利用哈布斯堡领地上的任何宗教冲突。为了对抗奥斯曼土耳其人，哈布斯堡的军队还需要奥地利领地上由新教议会投票通过的税收。新教于鲁道夫二世统治期间取得了巨大的进展，在大部分中欧地区都获得了法律上的承认。但随着和平降临到边境上，宗教清算的日子不远了。

第四章

为信仰服务：17及18世纪

斐迪南二世

施蒂里亚的斐迪南，即未来的斐迪南二世，不仅重建了哈布斯堡家族在中欧的权力，而且决定性地改变了该地区的宗教和政治面貌。他在自己的大部分领土上恢复了天主教，打破了奥地利和波希米亚领地上议会和贵族的支配地位。尽管斐迪南冒了巨大的风险，但历史学家恰如其分地认为他的统治时期是哈布斯堡历史上的一个转折点。

斐迪南是哈布斯堡家族第一个上大学的人，在英戈尔施塔特的耶稣会。他母亲对他接受天主教学说教育的评价掷地有声："在这片肥沃的土地上播种的一切似乎都不会夭折。"1595年完成学业后不久，斐迪南从他父亲查理手中接管了施蒂里亚、卡林西亚和卡尼鄂拉的政府，但很快就前往罗马朝圣。在去罗马的路上，他于洛雷托稍作停留，据称这是耶稣童年的家，在13世纪"奇迹般地"从拿撒勒搬到了意大利。根据后来的传闻，他在那里庄严宣誓，要把所有新教徒从他的属地上清除出去。

关于斐迪南誓言的故事可能并不比圣所的传说更为真实。尽管如此，斐迪南一回到家乡，就进一步加强了自他父亲时起就已开始的针对施蒂里亚、卡林西亚和卡尼鄂拉的新教徒的迫害。在他作为这些省份的统治者就职之时，斐迪南曾发誓要维护其臣民的"权利、自由和值得称赞的习俗"。现在，他发现这些都与他的良心相冲突，于是，倚仗罗马法中牵强附会的措辞，他否定了先前的种种承诺，宣称自己作为统治者行事有权不受法律约束。新教教堂被关闭，书籍被烧毁，军队强迫民众出席弥撒。1598至1606年间，11,000名新教徒移民海外。

在皇帝鲁道夫二世统治时期的最后几年里，他被其弟马提亚不断骚扰，后者试图取而代之，并最终于1612年如愿以偿成为皇帝。历史学家对马提亚评价不佳，在他们看来，马提亚优柔、奸诈且无能。在之前的几十年间，马提亚的确可谓八面玲珑,可他一朝掌权,成为波希米亚和匈牙利的皇帝和国王,就转而支持反宗教改革。在波希米亚,他利用条文中的漏洞和含糊不清之处,破坏了鲁道夫于1609年让步的《陛下敕书》。他审查出版物,并尽可能将非天主教徒排除在公职之外。由于意识到自己将不久于世,而且没有子嗣,马提亚就支持他的堂弟斐迪南作为他未来的继承人和养子。为了确保这一继承,马提亚甚至在自己的有生之年就寻求推选斐迪南为波希米亚和匈牙利的国王。

马提亚行事谨慎。在被称为"一场经营和操纵的胜利"中,他在波希米亚议会中智胜了新教的核心组织。他通过让斐迪南承诺维护国家的传统权利,包括默认的《陛下敕书》,以及在马提亚的有生之年不干涉波希米亚事务,实现了推选斐迪南为国王的目标。在匈牙利,马提亚联合斐迪南共同发布了一份加冕文书,承认《维也纳条约》的诸项条文,申明"宗教的行使在任何地方都应是自由的"。在此后与匈牙利人所有打交道的事项中,尽管斐迪南的良心感到了痛苦,权威遭到了冒犯,但他始终信守了这一承诺。如果不是因为后来发生的事情,很有可能的是,他也会遵守他对波希米亚人的诺言。

1618 年，依据《陛下敕书》中保护宗教自由的条文委任的新教"捍卫者"，推翻了波希米亚政府。在"布拉格抛窗事件"中，他们把马提亚的三名官员从皇家城堡的窗口扔了出去。那些人几乎毫发无损地落在了一个粪堆里，后来据称是因为天使的干预。"捍卫者"抗议的事情是，马提亚下令摧毁了两座颇有争议地建在王室领地上的新教教堂。由"捍卫者"发动的政变只得到了少数波希米亚贵族的支持，但这些贵族现在愚蠢地宣布斐迪南之前的当选无效。他们推选出了一个政治狂人帕拉蒂尼领地（即普法尔茨）的腓特烈来替代斐迪南。腓特烈的巫师和加尔文教派神职人员让他深信，自己注定要完成一项迄今仍掩藏在炼金谜团之中的神圣使命。与此同时，斐迪南在 1619 年马提亚逝世时继位为皇帝。

尽管被推选为皇帝，但斐迪南的地位还是迅速分崩离析了。摩拉维亚、匈牙利和特兰西瓦尼亚加入了波希米亚的军事联盟。上奥地利和下奥地利的议会也支持叛乱分子。然而，斐迪南并没有低头，因为他手里拿的全是王牌。在之前数年中，他与邻近的巴伐利亚和萨克森以及他的西班牙亲戚建立了密切的关系。要换取他们的支持，代价是高昂的，斐迪南不得不答应种种承诺、联姻和领土要求。尽管如此，斐迪南的让步还是确保了成果：一听到布拉格发生的事件后，西班牙的腓力三世即刻的反应就是命令一支无敌舰队起航前往波希米亚。（就像莎士比亚一样，腓力以为波希米亚有一条海岸线。）一支来自低地国家的西班牙军队入侵帕拉蒂尼领地，而与此同时一支主要由巴伐利亚人组成的部队在布拉格城外不到两个小时就击溃了波希米亚军队。匈牙利人急于以斐迪南开出的慷慨条件跟他讲和——斐迪南延续他早先维护匈牙利宗教自由的承诺不变，甚至同意任命一位新教首席大臣。奥地利领地上的所有抵抗都瓦解了，为后来基本上可以算作成功的再度改宗开辟了道路。

在军事上被摧毁之后，现在波希米亚在政治上被击垮了。斐迪南针对这个降伏王国的方法依赖于两个值得怀疑的命题。首先是波希米亚人已然"集体"造反，这意味着整个国家可能会受到惩罚。其次是所有的权利都是统治者的赐予，因此他有权废除它们。在1627年的《修订宪法》中，这两个观念结合在一起，形成了一条极其严苛的法令。

斐迪南宣布波希米亚的王位承继不再由推选产生，而是由哈布斯堡家族继承。他取消了议会的立法资格，而是宣布王室政令具有优先权，议会的主要作用是殷勤地答应所被要求的税金。他完全禁止所有新教崇拜。非天主教徒唯一的选择就是移民——三分之一到一半的波希米亚贵族流亡海外。保证宗教自由的《陛下敕书》货真价实地被从中间毁损了（见图4）。

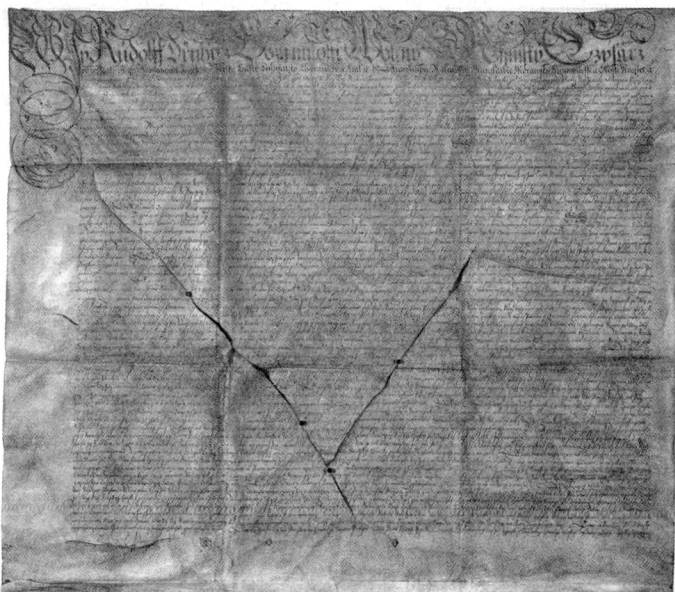

图4. 鲁道夫二世给予波希米亚宗教自由的1609年《陛下敕书》。该宪章被毁损以使其内容无效

三十年战争

波希米亚战争是被统称为"三十年战争"（1618—1648 年）的一系列争斗的第一阶段。然而，每个阶段都孕育着未来冲突的种子，以至于当时的人认为这场战斗是一场旷日持久的单一战争的一个组成部分。三十年战争把欧洲大部分主要强国卷入了其中——包括荷兰、西班牙、瑞典、法国和主要的德意志公国。对一些人来说，其动机是宗教性的；对另一些人来说，则是机会主义的。与神圣罗马帝国的主要冲突舞台并存的是常常同样血腥的"穿插表演"——在低地国家，西班牙与信奉新教的北方省份之间的战火重燃；在比利牛斯山脉，西班牙人与法国人作战；在更遥远的莫斯科大公国，受到瑞典人的唆摆，俄国人和波兰人之间爆发了一场争夺斯摩棱斯克的代理人战争。

第一个十年对斐迪南二世来说很顺利。在击败了波希米亚人和帕拉蒂尼领地的腓特烈之后，他又成功地挑战了他们的新教盟友。鉴于对自己的胜利充满信心，斐迪南于 1629 年下令，归还过去几十年中被新教诸侯夺取的神圣罗马帝国所有教会财产。《归还敕令》引发了新一轮的冲突，瑞典人从北方介入以支持他们的同宗者。在1635年的《布拉格和约》中，斐迪南与德意志诸侯达成和解，实际上撤回了该敕令。法国军队如今与瑞典人结盟，在继续对抗斐迪南的战斗中带起了头。因此，这场战争在很大程度上失去了其宗教性质，转而成为法国与哈布斯堡家族之间的一场政治较量。在这一阶段的斗争中，法国人支持加泰罗尼亚反抗西班牙腓力四世的起义以及葡萄牙1640年从西班牙王权的脱离。在这场战争的最后一年，一支瑞典军队占领了布拉格城堡——正是30年前开启这一冲突的"抛窗事件"的发生地。

三十年战争夺去了800万条生命——这还未包括它所引发的"外围"军事行动中的死亡人数。结束冲突的《威斯特伐利亚和约》主要涉及基本的细节问题——边界的变更，领土权利的确认，选帝侯头衔的转让，等等。不过，它确认了神圣罗马帝国的诸侯可以选择自己的宗教，但也允许他们的臣民有权（在一定限制内）尊奉自己的信仰。未来围绕教会财产归属和良心自由程度的争议交由法院待决——帝国的中央法院专门为此目的得以恢复，并且任命了同等数量的新教和天主教法官。斐迪南二世试图强加的那种军事化天主教已不再可能。然而，适用于哈布斯堡领地的一项重要的豁免意味着，1637 年斐迪南三世继位之后的哈布斯堡统治者没有义务允许信仰自由。因此，在波希米亚和奥地利领地上发动的再度改宗不会撤销。

《威斯特伐利亚和约》的文本是一本畅销书，仅在公布的第一年就出了 30 个版本。即便是在当时，人们对其内容的解释也各不相同。一位作家（约翰·雅各布·莫泽）著书 70 多册，试图将神圣罗马帝国的特征解释为是由该和约塑造的。一些统治者认为，对于他们的领地上完全的政治统治权甚至"主权"（尽管这个词被有意地排除在和约的最终草案之外），和约留下了操作的空间。另一些统治者则在它的文本中看到了一种保留中央机构权力的邦联制安排。事实上，正如一位评论家所说，《威斯特伐利亚和约》创造了一种独特的结构，有别于任何既定的国家类别，因此他称之为"一个不规则的机构，类似于一个怪物"。

历史学家普遍认为，三十年战争是一场德意志和哈布斯堡家族双输的冲突。神圣罗马帝国分裂成许多小国的趋势并没有得到扭转，而地方统治者权力的强化使得皇帝治下的政策协调更加难以达成。尽管如此，哈布斯堡家族在帝国内部仍然拥有可观的影响和资源。他们的领土损失很小，主要局限于上卢萨蒂亚和下卢萨蒂亚的外围省份（1635年割让给萨克森）。此外，皇帝是那些小统治者的天然盟友，后者感受到来自较大公国推行的地方霸权的威胁，并且他仍然被视为德意志统一的化身，凌驾于帝国的政治分歧之上并领导着相互之间你争我夺的诸侯。

斐迪南三世及其后的利奥波德一世并没有表现得好像《威斯特伐利亚和约》已然削弱了他们的影响。斐迪南亲自主持了1652到1654年在雷根斯堡召开的长达18个月的议会，试图推动中央司法机构的振兴，并组建一支常备军（尽管后者徒劳无功）。他的儿子利奥波德领导了反对路易十四侵蚀帝国领土的斗争，于1672年加入荷兰人的阵营以保卫莱茵河边境，并于1688年成立奥格斯堡联盟以保卫帕拉蒂尼领地。总而言之，利奥波德与路易十四的交战持续了近20年。神圣罗马帝国仍属于哈布斯堡家族，与统治者身份之间的关联牢不可破。

匈牙利和"复兴工作"

利奥波德一世的顾问在政策上产生了分歧，一些人主张西守，抵御法国人，另一些人则坚持东扩，抗衡奥斯曼土耳其人。事实上，这两个战场是相互关联的。路易十四为从特兰西瓦尼亚发动的反对哈布斯堡统治的叛乱提供了财政支持，而特兰西瓦尼亚正是土耳其的一个附庸国。他还利用哈布斯堡军队忙于应付东面战事的机会在西面再次施加压力。关键时刻，利奥波德不得不放弃与奥斯曼土耳其人的战斗，把他的资源从多瑙河重新部署到莱茵河。因此，1664 年，由于担心路易十四会入侵西班牙，利奥波德未能巩固在匈牙利西部的圣哥达对土耳其人的一场胜利。相反，利奥波德与苏丹缔结了《沃什堡条约》，恢复了双方的领土现状。

由于对《沃什堡条约》的糟糕条款感到失望，一些领头的匈牙利上议院议员密谋废黜利奥波德，他们不仅指望法国，而且奇怪地指望奥斯曼帝国支持他们的计划。这个阴谋在酝酿过程中被拖延甚久，它的策划者无法保守秘密。在警告了他们几次之后，利奥波德逮捕了策划阴谋的首领，夺取了他们的城堡，并把他们送上了断头台。在一次高压的调查之后，又有2000名嫌疑人被抓捕，其中数百人被特别法庭起诉。

在这场阴谋被镇压之后不久，利奥波德的顾问敦促他利用这个机会让匈牙利俯首帖耳，正如一位小册子作者所建议的那样，"把匈牙利人塞进波希米亚式的马裤里"。利奥波德当然很强硬，但他从来没有让匈牙利屈从于他祖父斐迪南二世强加给波希米亚的那种政权。然而，臭名昭著的是，他镇压了匈牙利的加尔文教派布道，并且当加尔文教派的神职人员无视他的禁令时，在1674年下令逮捕了几百名传道者，其中40人被判为船上的苦役犯。虽然有大把逃离的机会，这些传道者还是毅然决然地走向他们在那不勒斯的宿命。他们上船后不久，一支荷兰船队戏剧性地把他们从船上救了下来。

传道者戏剧化的苦难和逃脱极大破坏了利奥波德在新教欧洲的声誉。然而，迫害不仅在国际上具有破坏性，而且正日益变得没有意义。此时，天主教神职人员的力量正大举侵入匈牙利，以至于大多数贵族阶层已经抛弃了新教。修复后的天主教教堂富丽堂皇，其中许多现在是以巴洛克风格重建的，而且通过戏剧、游行和方言布道进行的教育在很大程度上争取到了乡村的支持。能够说明问题的是，船上的苦役犯中最著名的费伦茨·福里什·欧特罗科奇，后来改宗了天主教，为了匈牙利特尔纳瓦天主教大学的教授职位而放弃了在牛津的避难所。

17世纪80年代，奥斯曼帝国再次向西推进。作为回应，利奥波德与教皇合作，建立了一个"神圣同盟"来获取波兰、巴伐利亚和信奉新教的萨克森的帮助，以及教会财富的一大份——奥地利领地上三分之一的教会财产被出售以资助盟军。1683年，利奥波德的指挥官和盟军粉碎了一支围攻维也纳的奥斯曼帝国军队。三年后，利奥波德夺取了布达并解放了匈牙利的大部分地区。哈布斯堡的军队向南挺进巴尔干半岛，短暂占领了斯科普里，即今日北马其顿的首都，爱琴海海岸以北仅200公里。然而，西面的战事再次迫使利奥波德不得不回撤他的部队，放弃对巴尔干的征服。不过，经过短暂的一阵抵抗之后，特兰西瓦尼亚向利奥波德投降以换取宗教自由的保证。

在重新征服匈牙利之后，出现了如何处理这个国家的问题。利奥波德迅速行动起来，迫使受到威胁的匈牙利

议会承认哈布斯堡家族是世袭而非推选的国王。其余所有
的事务他都留给了委员会来决定。其中，真正的工作是由
红衣主教科洛尼奇领导的一个分委员会来完成的，它在
1688 年召集了大约 80 次会议。《复兴工作》是分委员会
努力的果实——匈牙利全面改革的一张蓝图，密密麻麻的
文字长达数百页。王国将被赋予新的法律和制度，农民的
重负大部分将被免除，贵族的权利将被削减，道路、医院、
学校等基础设施将被兴建起来。在新近从奥斯曼土耳其人
手里重新征服的领土上，只有那些能够证明其头衔的贵族
才能恢复家族从前的财产。其余部分将纳入匈牙利国库，
用于支持一项"人口补足"方案。科洛尼奇的分委员会建
议审慎地将德意志移民吸纳进来，"这样王国或至少其中
很大一部分会逐渐地德意志化，倾向于反叛和躁动的匈牙
利血统会被德意志人稀释，得以敬爱和顺从自然世袭的国
王和领主"。

利奥波德知道，强行推动"复兴工作"将会引发内战，
而且他忽略了分委员会的大部分建议。尽管如此，他还是
采纳了分委员会关于人口补足的建议。1689 年，利奥波
德颁布了一项政令，为来到匈牙利新征服地区的德意志定

居者提供优惠条件。结果，在此后的两年中，涌入王国人数最多的是塞尔维亚人，他们曾支持哈布斯堡家族向斯科普里进军，现在却害怕奥斯曼帝国的报复。数万个塞尔维亚家庭在匈牙利南部的定居决定性地改变了该地区的人口平衡，最终促成 1920 年匈牙利的这一部分被交给南斯拉夫。

在利奥波德的继任者查理六世领导下，以损害奥斯曼帝国的利益为代价的进一步扩张开始了，蒂米什瓦拉的巴纳特地区于 1718 年随之被兼并。仅仅五年内就有 20,000 德意志人移居巴纳特，而该地区原来的主要居民则是罗马尼亚人和塞尔维亚人。亚美尼亚人和意大利人也加入进来，他们分别被招募为皮匠和养蚕人。对劳动力的需求让大家在很大程度上忽略了宗教归属。招募外国定居者具有新大陆殖民化的许多特征——承诺一个天堂的光鲜亮丽的宣传册、路费全免的优惠，还有以网格模式来规划的新城镇。巴纳特（占地面积是威尔士的 1.5 倍，但现在被罗马尼亚和塞尔维亚分割）至今仍是欧洲民族最多样化的地区之一。

遍布全球的哈布斯堡人

在 16 和 17 世纪，哈布斯堡家族的版图含括世界。腓特烈三世和马克西米利安一世的自命不凡——藏头文、异想天开的墙纸和雄心勃勃的宗谱——在地理上已经实现了。哈布斯堡家族的势力范围分为两大分支，从今日的乌克兰一直延伸到美洲以及更远的地方，到菲律宾和中国沿海地区。

然而，在哈布斯堡新大陆的大部分地区，权力的行使并不均衡。在秘鲁总督辖区，西班牙的统治几乎不出高地。沿海地带和低地的大部分地区属于原住民，他们的抵抗由于改宗的西班牙定居者和心怀不满的士兵的存在而更加顽强。在亚马孙盆地，耶稣会会士和修士利用他们自己的私人军队开辟领土，并把当地人赶进"集中村"里，以便更好地控制他们，强迫他们皈依。在菲律宾，除了马尼拉，西班牙的统治不过是一通幻想。甚至在殖民政府更为根深蒂固的墨西哥，定居者也建立了广大的半独立领地。16 世纪下半叶，墨西哥的马丁·科尔特斯拥有 13 万平方公里的土地，这也许使他成为世界上最富有的个人。

尽管如此，各部分还是走向了联合。西班牙的珍宝船队将太平洋和大西洋的海滨同欧洲的哈布斯堡领地和王国联结在一起。新大陆的白银维持了哈布斯堡家族在低地国家和中欧的战争——有时船队被直接派往安特卫普收买叛乱部队。珍宝从阿卡普尔科驶向马尼拉，交换中国大陆的丝绸、瓷器和古董。葡萄牙的中间人把奴隶从非洲带到美洲，主要是充当仆人和工匠，不过加勒比和巴西的甘蔗种植园也需要人手。更值得高兴的是，辣椒、西红柿、玉米和巧克力丰富了欧洲人的饮食。作为回报，新大陆得到了猪、马和轮子。

协同不仅是商业上的。在文化和教派层面，尽管它们在地理上相互分离，但哈布斯堡家族的众多属地变得更加相似。宗教游行及对圣母马利亚和圣徒的崇拜向西传输，成为争取灵魂新的组成部分。表达对圣体极度尊崇的哈布斯堡家族虔诚仪礼溢散至大西洋彼岸而影响了大众仪式。一句新的藏头文传达出哈布斯堡统治者的宗教热忱——圣体圣事（EUCHARISTIA），即"弥撒"的拉丁文，但其字母可被重新排列，以显示哈布斯堡的虔诚与天主教会的全球使命之间的关联性（由此，HIC EST AUSTRIA，即

"此系奥地利"）。

近代早期天主教的巴洛克风格建筑在新大陆的景观上留下了与中欧相似的密集印记。在奥地利领地、波希米亚，以及后来的匈牙利，巴洛克风格的外墙和其特有的洋葱形穹顶是天主教皈依的标志。在新大陆和菲律宾，巴洛克风格同样标志着天主教会对异教的胜利，但它也包容了当地的传统。建筑更为华丽，并经常用传统的图案装饰——在安第斯山脉有猴子、大羊驼，还有代替基督作为上帝羔羊的豚鼠。在传教士与佛教对峙的地方，教堂也会建造阳台，以供静思冥想。

在社会层面，也可以找到若干比较点。位于欧洲中部的哈布斯堡领地主要是务农的，尤其因为三十年战争破坏了波希米亚和西里西亚的主要工业中心，加剧了情况的恶化。在维也纳以东，不少城市缩水了，而且主要的商业是金属、牲畜、农产品等初级商品，而非制成品。农民经常被束缚在土地上，为他们的领主从事劳役，有时要在他们主人的土地上一周干三天的活儿。真正的权力掌握在贵族地主手中，他们中的许多成员都是新人，由于对统治者的忠诚而发家。他们的地产受到王室赐予的限嗣继承的保护，这阻止了产业在继承人之间被分割，并且依靠侍奉皇家的肥差维系。

在西班牙，始于 16 世纪末的"再封建化"进程也造就了类似的情况。城镇衰落，商业日益只与将新大陆的财富运进和运出卡斯蒂利亚相关。贵族阶层中的显贵，又是因为受到限嗣继承的保护而接管了国王的财产，建立起庞大的私人庄园。在农村，五分之四的农民没有自己的土地，只能要么租农场，要么当佃农。他们欠领主的租金，再加上日益繁重的赋税，占去了大约一半的农民收入。不断扩大的小贵族组成的绅士（hidalgo）阶层争夺低级教职，以及皇家和地方政府中的律师职位。

在新大陆，经济和政治权力日益集中于原住民和西班牙后裔联合组成的家庭。新的混血身份（即麦士蒂索[1]）的贵族阶层大多生活在如哈瓦那和墨西哥城那样的城市，作为在外地主远程管理他们的庄园和种植园。他们在农场（hacienda）和矿山上的劳动力越来越多地由奴隶群体组

---

1 麦士蒂索人（mestizos）指的是欧洲人与美洲原住民祖先混血而成的拉丁民族。早期的欧洲殖民者多未携带妻室，故和当地印第安女子同居或结婚产生了混血人种。

成，这些人要么由于定居条款被迫担负劳役，要么由于债
务沦为农奴。随着时间的推移，"抵债苦工"成为支撑农
村生产的条件。新大陆的种种情况因此日益复制了旧大
陆——富裕的贵族阶层、大体限于贫困的劳动力，以及依
靠农业和原材料供给的经济。

哈布斯堡家族的全球帝国在 1700 年走到了尽头。那
一年，西班牙的最后一位哈布斯堡统治者查理二世过世
了，他死时神智失常，没有继承人，而且习惯性地蓬头垢
面。在此后的 13 年中，法国和哈布斯堡家族的中欧分支
围绕西班牙的继承权问题开始了一场旷日持久的战争，把
大多数的欧洲列强都卷了进来。然而，即便莫尔伯勒公
爵于 1704 至 1708 年间在布莱尼姆、拉米伊和奥德纳尔
德击败了法国人，也不足以让英格兰的哈布斯堡盟友取
得胜利。在 1714 年达成的一系列条约中，皇帝查理六世
（1711—1740 年在位）将他在西班牙的权利移交给了路易
十四的孙子（其成为西班牙的腓力五世）。奖赏给查理的
是米兰和低地国家之类西班牙的前属地，而英格兰得到了
直布罗陀。查理在战败后带走了西班牙哈布斯堡家族的象
征——赫拉克勒斯之柱。在维也纳的圣查理教堂外（见

图 5），查理竖起了两根巨大的圆柱，每根 33 米高，以纪念失去的哈布斯堡遗产：西班牙和新大陆。

图 5. 皇帝查理六世委托建造的维也纳圣查理教堂，建于 1716 至 1737 年。
这两根圆柱让人想起了西班牙哈布斯堡的象征：赫拉克勒斯之柱

第五章

启蒙运动与反响：18及19世纪

"财政学"与自然法

从 17 世纪晚期开始,访客自哈布斯堡的中欧前往法国、英格兰和荷兰。他们看到了船只、制造业、人口稠密的城市,以及充满活力的政治讨论,所有这些都是在家乡缺失的。中欧人认为他们落后了。正如这些自我批评的观察家中最早的一位所评论的:"我们永远只会给外国人放声大笑的机会。他们在嘲笑我们,而且他们是对的。"又如菲利普·冯·赫尼克在他的《奥地利一统天下:只要她想的话》(1684 年)一书中写道:"我们从头到脚一无是处……情形已经糟糕到如此地步,以至于所有这一切没在很久之前崩溃几乎可以称得上是'奥地利奇迹'了。"

　　赫尼克属于被称为"官房学派"或"财政学"实践者的经济学家群体。官房学研究的是国家和机构如何在缺乏丰富的外部来源的情况下最大限度地增加收入，从而克服其落后。财政学家假设，国家的目的就是统管资源，既为了自身国防也为了公民利益，作为增进公民财富和幸福的一种手段。这种干预的措施因制定者而异。有些人认为，做到为追求幸福创造条件就足够了，因为个人有权决定如何对外部世界作出反应。然而大多数人都认为，若要确保达到至高完美的秩序，个人不足以采信；一个仁慈的政府应该干预和指导，即使要以牺牲个人自由为代价。因此，官房学派常常提倡所谓的"全面管控计划"。在这一计划中，个人权利被置于广大社会的利益之下——因此，由于人口增长被认为是好事，堕胎应该严加限制；残疾人应该禁止进入公共场所，以免妇女受到惊吓而流产；等等。官房学派致力于实现的这种"秩序井然"的国家有时被称为"警察国家"（Polizei-Staat），意思是"管控国家"。

　　官房主义补充了新的自然法哲学，这种哲学到18世纪时已经主导了大学和知识圈的讨论。自然法理论基于两个原则：首先，社会和社会性是人的境况所内含的。其次，政府是为了社会的利益而存在的——国王并不是因为上帝的安排而统治；他们的统治权是出于一个目的，这个目的存在于他们臣民的社会中。自然法理论为官房主义提供了道德基础，将其枯燥的经济意义和监管体制转化为一套哲学规训。

在最坏的情况下，官房主义和自然法会导致一种乏味的功利主义，它寻求把文学、哲学和天文学从大学课程中剔除，理由是这些没有"用处"。在极端的另一头，两者威胁进行社会革命。贵族的权利、他们古旧议会的权利，以及教会的权利都建立在传统之上，就其社会利益而言，这些权利几乎是站不住脚的，因此可能为了大多数人的利益而作废。正如一位帝国顾问所说："任何没有正当依据的传统都应该自动废除。"

然而，理论让位于权宜。查理六世（1711—1740 年在位）把他统治的大部分时间都拿来说服议会和其他君主接受 1713 年《国事诏书》的条款。诏书确立了哈布斯堡领地的不可分割性和单一继承权，包括女儿继承的权利。然而，1740 年玛丽亚·特蕾西亚即位后，普鲁士的腓特烈大帝从年轻的女王手中夺走了西里西亚，对她的继承权提出质疑。尽管在不啻于一场"外交革命"的风暴中，哈布斯堡家族于七年战争（1756—1763年）期间同法国和俄国结盟对抗普鲁士和英国，玛丽亚·特蕾西亚仍只能收回西里西亚的一小片。与此同时，在普鲁士的统治下，尽管税负越来越重，但是西里西亚的主要地区繁荣起来，成为腓特烈普鲁士王国的工业中心。

开明专制

为了在军事上赶超普鲁士，哈布斯堡家族越来越多地对它进行模仿。因此，我们能够想到的与启蒙运动相关的许多理念，都是通过普鲁士这个节点传入哈布斯堡中欧的。这些理念在此与官房主义和自然法的思想融合，产生了国家权力学说。在英国和北美，启蒙运动趋向人民主权的延展、政府权力的限制，以及旨在保障个人自由和公民权利的一种新的"自由科学"。在中欧，启蒙运动则趋于相反的方向——管控、"国家科学"，以及个人服从于共同利益，正如君主所理解的那样。就像中欧启蒙运动的一位主要倡导者提出的："民族和臣民的所有责任可以归结为这样一个公式：通过他们的服从、忠诚和勤勉，促进统治者为他们的幸福而采取的所有方式和手段。"

玛丽亚·特蕾西亚（1740—1780 年在位）和她的儿子约瑟夫二世（1780—1790 年在位）实行的是这样一种政府，即"不充分考虑既定宪法、法律和惯例而统治"的当代意义上的专制。在她执政的头几十年里，玛丽亚·特蕾西亚的兴趣在于行政和军事改革，以便更好地对抗她的普鲁士对手。政府部门整合以防止职能重复，财政体制也革新了。政府会计更加严格，成为欧洲最先进的会计系统之一。玛丽亚·特蕾西亚引入征兵制，并亲自检查操练和军装。只有轻骑兵逃脱了她的监督，继续穿着从战场上随意缴获的制服。

议会则妨碍了统治者的意志。首先，他们试图对投票通过的税收强加条件。其次，他们负责收取应缴的款项，在这方面他们经常故意表现出无能。作为回应，玛丽亚·特蕾西亚任命了委员会来收取议会批准的税款，并试图通过十年期的税收协议来约束议会。匈牙利的议会格外刁难，拒绝接受玛丽亚·特蕾西亚限制贵族强加负担给农民的提议。1765 年后，她直接拒绝召集议会，而是径自征税。

波兰王国在 1772 至 1795 年间被俄国、普鲁士和哈布斯堡家族臭名昭著地分三个阶段瓜分了。玛丽亚·特蕾西亚在第一次瓜分时夺取了波兰最南端的部分，并将其重新命名为"加利西亚和洛多梅里亚王国"。这个晦涩的名字让人回想起 13 世纪初的一个时期，当时该地区的一部分还属于匈牙利，玛丽亚·特蕾西亚就是以这样可疑的理由为自己的吞并辩护的。加利西亚是一处试验场。1775 年，玛丽亚·特蕾西亚赋予了加利西亚一部新的宪法，开创了议会。议会是未经选举产生的，主要由教会人士和富裕地主组成。其权力仅限于呈交请愿书；在其他所有方面，对它的期望都是服从统治者的要求。在极个别的议会召开的情况下，会期仅限于几天的审议。

米兰公国是另一处实验场。米兰原先属于哈布斯堡家族的西班牙分支，于 1714 年和曼托瓦一起被移交给了中欧哈布斯堡。玛丽亚·特蕾西亚对公国的改革包含编纂一份详尽的土地登记册，不仅为农民提供了土地租用的保障，而且允许将税收扩大到贵族身上——迄今为止贵族都是"自我评估"的，其间既隐藏了他们自身财产的规模，又把大部分的缴税负担转嫁给他们的租户。米兰的一个"经济委员会"还调查了宗教屋舍的财产和特权，合理调整了它们的数量并清除了许多较小的屋舍。加利西亚也执行了类似的政策。

玛丽亚·特蕾西亚的改革并非出于启蒙运动的精神，而是为了政府的利益，要说明这一点是很容易的。在某些领域，她明显"尚未开化"。她相信新教徒都有可能是普鲁士的第五纵队分子，因此对所有不愿宣誓效忠天主教的人坚持酷虐的迫害。数千名新教徒从奥地利领地被驱逐到特兰西瓦尼亚。除了这些人，据说她把维也纳的放荡女性也放入驱逐之列，她们被送往"匈牙利的边疆，在那里她们只能引诱土耳其人和异教徒堕落"。玛丽亚·特蕾西亚也对犹太人深恶痛绝；犹太银行家维持了她财务的周转，但她与他们对话时都是从一个屏风后面。在她执政初期，玛丽亚·特蕾西亚曾短暂驱逐过布拉格的犹太人——当时的基督教欧洲最大的犹太人群体。

尽管如此，开明的思想还是会不时闪现，虽然可能只是因为玛丽亚·特蕾西亚从她的顾问，以及日渐从她的儿子约瑟夫那里得到了建议。1755年，她宣布钉死吸血

鬼的行为非法，随后又禁止了占卜和猎巫。正如她所解释
的，所有这些现象都源于"愚蠢和无知，是它们导致了头
脑简单的惊诧和迷信的做法"。酷刑作为审讯手段被废除
了。对当时遍布中欧、有数十万之多的吉卜赛人，玛丽
亚·特蕾西亚也采取了更温和（或至少不那么严厉）的政
策。相对于她的数位前任迫害吉卜赛人并企图把他们赶出
哈布斯堡领地，违者甚至以死罪论处，玛丽亚·特蕾西亚
抱着最终同化他们的想法，竭力使他们安顿下来。尽管如
此，她的政策仍包括强行迁移和收养吉卜赛儿童，以便能
以更传统的方式养育他们。

在玛丽亚·特蕾西亚的儿子及继任者约瑟夫二世的治
下，改革的步伐加快了。它的特点表现在执行方法上，即
通过政令的下达，而不是通过与在政治上沦于软弱无能的
议会合作来立法。在玛丽亚·特蕾西亚执政的最后十年
里，她平均每年发布 100 条敕令，而在她儿子的治下这一
数字上升至略低于 700 条，或大致一天两条。约瑟夫于
1781 年下令实行宗教宽容政策（尽管这并不包括他驱逐
到特兰西瓦尼亚的自然神论者），并且让天主教神职人员
牢牢记住，他们是国家的公仆，不是遥远的"山外的教皇"

的仆从。

约瑟夫二世把教会事务的管理置于一个政府部门下，后者掌控教士任命和教会政策。他摆脱了教会对婚姻的垄断，允许在治安官面前举行婚礼。最引起非议的是，在他的《闲散机构敕令》中，他关闭了缺少学校、医院或没有教区司铎的隐修院，将它们的财富投入到支持宗教教育和教士养老的基金中。约三分之一的隐修院在约瑟夫的辖下被拆除。院中的藏书大多用作制浆、随意扔弃或任其腐烂。大约 250 万册图书在第三帝国之前欧洲规模最大的毁书事件中被销毁。

约瑟夫对所有事情都要插一手——从教会布道的时长到丧葬习俗；比如亲吻尸体，他认为这是不卫生的，他还指示使用带有假底的可重复利用的棺材。在当时引发群嘲的是，约瑟夫甚至委托制作蜡制尸体供医学院使用，以代替解剖。然而，他遇到的最大反对声浪是他试图对土地状况进行的改革。首先，约瑟夫解除了对农民的限制，允许他们离开土地，并在他们留下来的情况下，给予他们世袭的土地租用权。接着，他效仿母亲在米兰的做法，下令进行土地登记，其目的是向贵族征税，并让他们的佃农支付一定比例的租金，而不是从事劳役。

约瑟夫的举措在匈牙利引发了强烈抗议，尤其是在他为了提高效率，要求那里所有的公务都使用德语进行之后。在匈牙利贵族中，爱国情绪高涨，这表现在痰盂的显著使用上。更严重的是，谋反者向普鲁士的腓特烈·威廉主动示好，甚至给他寄去匈牙利法律方面的书籍，如果他同意取约瑟夫而代之，那么对贵族的权利就不致陌生。1789年，在奥属低地国家，"一大堆攻击宗教的敕令"引发了民众的不安，最终导致武装叛乱，"比利时合众国"宣告成立。

约瑟夫在一场同奥斯曼土耳其人的失败战役之后死于1790年。在病床上，他放弃了最有争议的改革。他的遗命是在自己的石棺上刻上墓志铭"一事无成的约瑟夫二世长眠于此"，但却未被遵从。此外，值得一提的是，维也纳市政会还拒绝执行约瑟夫关于可重复利用棺材的政令。在约瑟夫死后不久就去世了的莫扎特，并没有通过这样一个装置下葬，而是埋在了一处公墓的一副体面的棺木里（亦非一般人以为的一个乞丐的墓地）。

共济会和雅各宾派

婚姻不幸的约瑟夫身后无嗣——他抱怨其第二任妻子玛丽亚·约瑟法浑身长满疥疮，使亲密关系变得不可能。他的弟弟利奥波德二世因此继位。利奥波德拼命想要恢复到原来的样子——强迫波希米亚的农民回到土地上，重新实行劳役；威胁心怀怨恨的匈牙利贵族要分割他们的王国。他甚至修复了一小部分隐修院。与奥斯曼土耳其人的和平腾出了哈布斯堡的军队，以便他们在奥属低地国家维持秩序。

此前作为托斯卡纳大公，利奥波德以开明的改革家而闻名。1790年登基伊始，他释放了因诋毁约瑟夫而入狱的政治犯，并放松了审查制度。约瑟夫的禁书单子虽然比他母亲的要短得多，但在其900条名目中仍然包括了歌德和席勒的作品。利奥波德秘密招募了法国大革命的热情拥趸来撰写反对贵族制度的小册子，促使贵族为了自身安全更加依附于君主。与此同时，利奥波德策划在法国进行军事干预，以支持他的妹夫，四面楚歌的路易十六。

结果是可以预料的，即一场与法国的战争，奥属低地国家沦落为战场，革命的雇佣文人转变为真正的革命者。这时，利奥波德已经死了，因此，他的儿子弗兰茨必须面对他的政策的后果。

在 18 世纪的最后几十年里，维也纳有了"公共领域"。啤酒厅、咖啡馆和大众戏剧为讨论和政治批评提供了场所。在舞台上，身穿杂色衣服的侏儒丑角拿大臣开起了粗俗的玩笑。尽管存在审查制度，外国报纸还是在咖啡馆里传播和大声诵读；一份警方报告称，这里有"越来越多的交谈，其对君主的侮辱就像对宗教和道德的侮辱一样多"。

在受过教育的少数人中间，加入共济会是普遍现象。到 18 世纪 80 年代，维也纳已有不下 16 个地方分会，它们与遍布欧洲、从伦敦到圣彼得堡的 300 个分会保持书信往来。约瑟夫二世从来不是共济会会员，他认为共济会的仪式是愚蠢的，但他的若干顾问却是，其中一些通过所谓的"苏格兰仪式"被晋升到更高且更神秘的等级。在波希米亚，共济会吸引了许多顶级贵族，而在梅尔克的本笃会大修道院，至少两名院长下葬时身着共济会围裙 [1]。

1　原用白羊皮制作的石匠围裙是共济会的标志性服饰。

共济会的仪式与革命无关。位于维也纳的"永恒和谐"分会的规程中列出了本地所作的演说，其中大多数是宣讲共济会传说的——"埃及人的秘密""基督是共济会会员吗？"等等。毫无疑问，那些生性叛逆的人在地方分会里找到了志同道合者。共济会的管理程序——如撰写章程和议程、组织辩论规则，以及做好会议记录——也可以为政治组织所用。

在地方分会之外，利奥波德二世的前门徒开始谈论革命。有些家伙与法国人暗通款曲并策划暴动，但他们的活动大多流于荒唐的计划和低俗的小调：

人民不是擦屁股的草纸，他们可以自己思考。

如果你不学会客客气气，会被像乡巴佬一样绞死。

送上断头台，血债血来偿。

如果这里有座断头台，很多大人物难逃一死。

最早的密谋之一是由"10万只经过专门训练的狗"来分发公告，这连当局都拒绝当真。另一项密谋则是建造一架在车轴周围装上长矛的战斗机器，供农民来对付骑兵。由于谋反者与农村没有任何关联，所以机器从未造成，更不用说试验了。

不过，军事失败、强制征兵和粮食短缺还是有可能会为革命创造条件。上达政府的警方报告夸大了发生骚乱的可能性，将"对批评的渴望"与异议混为一谈。1794年，几十个名声较响的"雅各宾派分子"被捕并受审。其中一人在维也纳执行死刑，七人在匈牙利执行。大多数受审者要么被判无罪，要么获得赦免。其余人的长期监禁后来得到减刑。

雅各宾派的审判其意义大于谋反者所造成的微不足道的威胁。整个欧洲都在担心革命可能会从法国输出——就连英格兰都在1794年暂停了《人身保护令》。雅各宾派的审判证实了某种阴谋正在酝酿之中。当局据此为理由，把刑法的范围扩大到"放肆的批评"、关闭所有共济会分会、加强对包括扇子和鼻烟壶上的警句在内的内容的审查，以及招募告密者。侏儒丑角的即兴舞台常规节目现在被禁止了。哈布斯堡领地转向内部，大部分改革计划自18世纪90年代中期由于在政治上被视为是危险的而遭到抛弃。富裕的和受过良好教育的阶层开始习惯性地过起"毕德麦雅"[1]（以一个虚构的小资产阶级分子命名）的家庭生活，穿着光鲜马甲、摆着鸽笼书桌、听着舒伯特歌曲。

梅特涅

1792 至 1814 年间，哈布斯堡家族与法国处于交战状态长达 108 个月，他们在陆地上对抗拿破仑的时间甚至比英国还要长。介于 1793 至 1809 年间，哈布斯堡参与了反对法国的前五次同盟中的四次，结果证明是灾难性的。维也纳两度被法国军队占领。哈布斯堡家族的领土一步一步遭到剥夺。至 1805 年，比利时（前奥属低地国家）、远奥地利、米兰和蒂罗尔都丢了。四年后，拿破仑合并克罗地亚的部分地区、卡尼鄂拉和亚得里亚海沿岸的哈布斯堡领土，建立了伊利里亚省，并宣布其为法国的一部分。弗兰茨的女儿嫁给了这个厚颜无耻地自称为皇帝的科西嘉平民[2]。她甚至明显只是第二选择，因为俄国沙皇亚历山大此前拒绝了拿破仑娶他的女儿为妻。

---

1 即中产阶级风格。中产阶级发展出自己的文化和艺术，其生活方式与需求逐渐取代传统贵族品味，成为社会的新主流。
2 指拿破仑。

1809 年，在哈布斯堡王朝时运最为低迷的时候，克莱门斯·冯·梅特涅掌控了其外交政策。梅特涅是一个发型时髦的花花公子，一个优雅的"沙龙里的美男子"，而且不时就要装腔作势一番。身为一名精明而又圆滑的职业外交官，又曾与拿破仑的妹妹有染，他与拿破仑关系打得十分热乎，后者向他透露了针对俄国的战争计划。梅特涅觉察出拿破仑低估了入侵俄国涉及的"广阔空地"。

在梅特涅的建议下，弗兰茨作为"武装中立者"加入 1812 年法国对俄国的进攻，只派出一支象征性的部队。拿破仑惨败后，弗兰茨把自己的运气押在第六次反法同盟上。在 1813 年的莱比锡战役中，哈布斯堡军队几乎贡献了获胜联军中三分之一的兵力。第二年，盟军进驻巴黎，法国君主复辟。

1814 至 1815 年，结束拿破仑战争的国际和谈在维也纳召开。会议在整个"百日王朝"期间都未停止审议，在此"百日"中，拿破仑逃离流放之地，却在滑铁卢遭遇了最终的失败。维也纳会议由梅特涅主持，结果哈布斯堡家族略有斩获。蒂罗尔和米兰得以归还，并且增加了威尼斯及其亚得里亚海的属地（包括伊斯特里亚和达尔马提亚），以及之前由大主教统治的萨尔茨堡。会议并没有恢复 1806 年废除的神圣罗马帝国，而是在原来的基础上建立了一个由哈布斯堡主导的松散的德意志邦联。弗兰茨作为奥地利皇帝的头衔得到了承认，因此我们现在可以恰当地说这是一个奥地利帝国或哈布斯堡帝国。

直到 1848 年，梅特涅一直决定着哈布斯堡的外交政策，并且在国内事务中也施加了重大影响。他总是用"权力平衡"和维持均势来解释其外交目标，但在这些陈词滥调背后隐藏着他对复兴的法国的恐惧。对法战争的经验已经表明，除了作为同盟的一部分之外，哈布斯堡帝国是无法与法国相抗衡的，并且它现在已经沦落到列强的第二梯队，居于俄国和英国之后。与此同时，梅特涅察觉到一股持续不断的革命冲动，威胁着整个欧洲的稳定。受对早先雅各宾主义的恐惧的影响，他认为革命的政治活动是由巴黎的一个秘密委员会组织协调的，该委员会在整个欧洲煽动起了一个阴谋网络。因此，他推动欧洲主要国家的代表定期会晤，目的是在国外争取有利于维持现状的联合干预，迫使法国这个"伟大的革命工厂"不敢轻举妄动。

欧洲顶级国家的协调会很快就不再召集了。它的成员国无法达成一致，而且它们缺乏监督整个欧洲的意愿和力量。梅特涅因此独自行动。19 世纪 30 年代初，他占领了意大利的部分地区，恢复了它们原先的统治者；1846 年，他又吞并了克拉科夫自由市。克拉科夫原是由维也纳会议设立的一个保护领地，但梅特涅以它共谋加利西亚的一场叛乱为由，对它实施了占领。他还利用奥地利担任德意志邦联主席国的机会通过了旨在遏制学生激进主义和审查媒体的政令。

梅特涅遏制国外革命活动的兴趣源自他担心革命会蔓延到哈布斯堡帝国，重新唤醒 18 世纪 90 年代的阴谋。他很可能被误导了。尽管如此，在哈布斯堡辖内的意大利和加利西亚，存在势力强大且流行于民众中的造反运动，而匈牙利农村的骚乱很容易被误认为是叛逆活动。但哈布斯堡帝国实行的审查制度还是宽松的，并且对于政治观点像对于道德情感那样同等关注。审查也没有影响到超过 300 页的出版物，因为不管读者还是审查员都认为这些内容太烦冗了。政治犯的人数从未超过数十人，其中一些人明显犯有策划暴力活动的罪行。

梅特涅在弗兰茨皇帝治下的影响力受到这位统治者固

步自封的制约，因为弗兰茨偏好无所作为的安全，而非变化的不可预测。1835 年，弗兰茨去世，他的儿子斐迪南继位（见图 6）。新皇骨骼畸形，举止怪异，他将国家事务交给一个摄政理事会来处理，本人则忙于给植物分类。理事会名义上由斐迪南的叔叔[1]路德维希大公领导，但梅特涅是其中的骨干力量。

梅特涅经常被描述为一个保守主义者，他无力改革哈布斯堡帝国，而这恰恰让他担心的革命成为了可能。正如英国外交大臣帕默斯顿勋爵所警告的："你的压制性的和令人窒息的政策也是致命的，将会导致一场爆发。"虽然其保守的名声远播，但梅特涅并不反对适度的改变。摄政理事会和官僚机构内部都有约瑟夫二世政策的支持者，且梅特涅鼓励他们提出改善经济的方案。然而，到了这个时候，国家干预的官房主义思想已经让位于斯密和李嘉图的自由放任主义了。因此管控措施现在被用来解除管控：消除商业和工厂发展的阻碍，废除行会的最后一些特权，并取消多种关税和通行费。工业生产和铁路建设蓬勃发展，

1　原文疑似有误。路德维希大公并非斐迪南的兄弟，而是他的叔叔。

图 6. 退隐于布拉格的哈布斯堡的斐迪南一世，摄于 1870 年左右。为纪念这位热心的植物学家，斐迪南属以他的名字命名。即使在 1848 年逊位后，斐迪南仍然保留了"皇帝陛下"的头衔。他在位期间的画像掩藏了头骨的畸形，这是童年佝偻病导致的

随之而来的是城市化的一日千里。维也纳的人口从 1800
年的 23 万迅速膨胀到 1848 年的 43 万。尽管婚姻法进一
步放宽，首都非婚生育的数量仍增加到每五例中占两例
之多。

社会政策落伍了，而梅特涅几乎没有设法去解决农民
的处境或处理周期性影响城市的经济危机，特别是在 19
世纪 40 年代中期的农作物歉收之后。他也没有在国内建
立持久的政治联盟，反而更偏好临时性的协议和妥协，而
当这些协议和妥协失灵时，往往就会卡住决策。他在修补
政府机构，特别是省级机构方面毫无建树。议会因此也未
得到改革，即便它们是唯一具有某种代表性的机构。上奥
地利的议会一年仅开会三个小时，对摆在面前的任何动议
都点头称是。特兰西瓦尼亚和匈牙利的议会倒是活跃得多，
但当它们提出不受欢迎的要求时，梅特涅下令关闭了议会
并逮捕了其中闹得最凶的成员。梅特涅担心议会可能推动
孕育革命种子的变革。然而，正如帕默斯顿预见的那样，
梅特涅对政治改革的厌恶只是增加了革命的可能性。

第六章

弗兰茨·约瑟夫时代：19世纪

革命年月

　　1848 年 3 月 13 日晚，梅特涅在路德维希大公的要求下不情不愿地辞职了。在维也纳的宫殿近旁，街灯遭到损毁，煤气管道在人行道上点燃，火焰直冲云霄。由学生和市民组成的巡逻队从军队手中接管了维持秩序的任务。郊区发生了抢劫，但在市中心，人群诡异地聚集在一起为皇帝欢呼。梅特涅当晚逃离了维也纳，据说是男扮女装乘火车去了伦敦。

　　迫使梅特涅出走的革命是 1848 年欧洲的众多革命之一。从 2 月起，在意大利，接着在法国及整个德意志邦联，诸多政府都被来自街头的压力推翻。在此情形下，维也纳发生的事情是意料之中的。

维也纳的革命源于仿效前一个月在巴黎发生的事件的示威游行。在随后的混乱中，自封的发言人提出了适度的改革方案。第一个要求是放宽审查制度。然后，宪法、政治代表和社会改革方面的想法也被纷纷提出。3月15日，斐迪南皇帝根据新政府的建议正式宣布废除审查制度，承诺召集经过改革的议会，并致力于制定一部宪法。一夜之间，书商将他们藏起来的违禁出版物移到了商店的橱窗里。

维也纳的事件在整个帝国激起巨大回响。在过去的几十年里，许多强调法治、政治代表和公民权利的自由主义思想逐渐获得了追随者。强调民族的民族主义也是如此。当时的民族观念主要以语言及（在较小程度上）宗教为基础。虽然在思想上相互对立，但自由个人主义和民族集体主义相得益彰。改革派诉求的普世论体现在采用了彩虹颜色的学生旗帜上。

1848年春季和初夏期间，政府颁布了一部宪法，并于7月召集了一次在广泛公民权的基础上选举产生的帝国议会。然而此时，一个经由选举产生、代表来自各奥地利领地的议会也在法兰克福召开，旨在为新的德意志制定一部宪法。在匈牙利，经皇帝的同意，一个独立的政府得以设立。与此同时，一个自封的"泛斯拉夫"大会在布拉格召开，其代表来自遍及帝国各处的操斯拉夫语者——捷克人、斯洛伐克人、波兰人、乌克兰人等等——目的是要建立一个"民族联盟"。在特兰西瓦尼亚，罗马尼亚人和德意志人要求自治，而克罗地亚人则试图在萨格勒布建立一个不再受匈牙利控制的政府。

危险在于哈布斯堡帝国将被肢解。讲德语的奥地利部分将加入一个新的德意志，波希米亚则成为一个新的斯拉夫国家的核心。一个大大缩减的匈牙利随后将会成为独立的王国，在它的边缘围绕许多新的国家。然而，除非通过内战，否则这一切都无法实现。即将发生的事件初露端倪，其中一个表现就是，皮埃蒙特国王查理·阿尔贝特怀揣在亚平宁半岛北部建立一个统一的意大利国家的目标，占领了哈布斯堡的米兰，并与已宣布成为独立共和国的威尼斯联合起来。至 1848 年年中，哈布斯堡帝国的解体似乎已成定局。

由连续几位心不甘情不愿的首相主持的维也纳政府已

经失去了对事态的控制，因此主动权交到了帝国的将军手上。在 5 月的某个时候，战争大臣拉图尔伯爵批准了军事行动。他这样做时既没有皇帝授权，也没有与维也纳的其他大臣商议。仿效拉图尔的榜样，驻扎在意大利的陆军元帅拉德茨基无视把部队留在军营待命的先前指令，在 6 月和 7 月的一系列交战中击败了查理·阿尔贝特。在维也纳，老约翰·施特劳斯创作了《拉德茨基进行曲》以庆祝他的胜利。拉德茨基接着又去围攻威尼斯，后来部署了装满炸药的气球来对付这座城市。与此同时在 6 月，陆军元帅温迪施格雷茨在布拉格郊外举行了军事演习。在演习引发了暴力抗议示威之后，他炮轰了这座城市而迫使其屈服，又驱散了泛斯拉夫大会。然后他把注意力转向了维也纳。

维也纳的情况越来越混乱。主要的公园里挤满了失业的劳工和游手好闲的人，他们在那里领取分发的救济，作为回报做些无用的"公共劳动"。结果有两万人在公园里露宿，一到晚上就出去抢劫。激进的媒体嘲讽革命的敌人，帮派团伙在政府大臣的屋外嚎叫并拉响刺耳的小提琴弦，造成的"哀嚎声"（Katzenmusik）吵得他们夜不能寐。"哀嚎声"扩散到奥地利的其他城市，夺走了"真正的"弗兰肯斯坦男爵的性命。他是电镀术的发明人，也是摄影术的先驱，但众所周知同情政府。由于被其屋外的喧闹逼得走投无路，他要么就是自杀了，要么就是心脏病发作死了。另一名受害者是拉图尔伯爵，他被一群维也纳暴民绞死在一根灯柱上。

温迪施格雷茨对维也纳的战役是如何征服一座城市的教科书式的实例。首先，他撤离了皇室，以及过去几个月以来，主要就农民解放条款争执不下的帝国议会。两者都搬到了摩拉维亚。随后，守军撤出。10 月 29 日，温迪施格雷茨发布了一项公告，警告他将于次日开始炮轰。市民赶忙外逃，城里只留下了最危险的革命者和麻烦制造者。经过五天的战斗，温迪施格雷茨占领了这座城市。

政府与宪法

匈牙利未被征服。1848 年 4 月，斐迪南皇帝批准了最初由匈牙利议会起草的《四月法令》，在匈牙利建立起一个拥有广泛自治权的政府。在接下来的六个月里，匈牙利政府寻求实现自己的权利及其他种种——建立一支军队，印刷新的货币，处理自己的对外关系。虽然匈牙利直到 1849 年 4 月才宣布独立，但它在之前的一年中有效地执行了自己的政策，尽可能不委托维也纳政府。

匈牙利王国绝不是民族上统一的。讲匈牙利语的人不到全国人口的一半。其他还有克罗地亚人、斯洛伐克人、塞尔维亚人、德意志人、乌克兰人和罗马尼亚人。这些人现在起来反对在布达的政府。这是一场多方面的斗争，比如在巴纳特地区，罗马尼亚人也同塞尔维亚人势如水火。匈牙利政府的顽固态度对此应负部分责任，因为它很少关照匈牙利较小民族的愿望。然而，维也纳政府煽动异见，支持一支克罗地亚军队入侵匈牙利。

为了解决匈牙利的事务，斐迪南皇帝必须退位，因为是他一开始批准了《四月法令》，损害了自己的威信。这是 11 月新上任的首相施瓦岑贝格亲王的意思。施瓦岑贝格与拉德茨基、温迪施格雷茨（首相的姐夫），以及克罗地亚指挥官约西普·耶拉契奇关系密切——这些将军现在掌控着政治节奏。在维也纳出版的讽刺小册子戏谑地借用了皇家的自称"朕"——WIR，如今代表温迪施格雷茨、耶拉契奇和拉德茨基。

皇帝的扈从离弃了维也纳后住在摩拉维亚的奥洛莫乌

茨市。其成员很快就接获邀请，12 月 2 日前往皇室暂居的大主教宅邸。在那里的谒见厅中，他们相当于目睹了一场军事政变。首先，斐迪南皇帝不失体面地正式退位；接着，皇位的第一顺位继承人他懦弱的弟弟弗兰茨·卡尔在妻子的坚持下放弃了自己的权利。标志权力的斗篷就这样传给了弗兰茨·卡尔 18 岁的儿子弗兰茨·约瑟夫。一幅留存下来的水彩画展示了这个少年正由他的母亲和伯母引领向前，斐迪南和弗兰茨·卡尔留在后面的情景。一个临时的皇座周围站着施瓦岑贝格、耶拉契奇和温迪施格雷茨（见图 7）。（斐迪南随后隐居于布拉格，继续他的植物学研究。他逝于 1875 年。）

对匈牙利的镇压缓慢而残酷。匈牙利指挥官的才华以及匈牙利政治领袖路易·科苏特的组织天赋和个人魅力令哈布斯堡的将军相形见绌。直到 1849 年夏，与俄国部队一起行动的哈布斯堡军队才扑灭了匈牙利的独立战争。作为报复，弗兰茨·约瑟夫下令绞死了 13 名匈牙利将军和一名匈牙利前首相。正如哈布斯堡的一位前任大臣所说，新皇以"绞刑架和大屠杀"开始了他的统治。

弗兰茨·约瑟夫于 1849 年关闭了一直在摩拉维亚举

图 7. 弗兰茨·约瑟夫在众人簇拥下于 1848 年 12 月 2 日登基。利奥波德·库佩尔维泽所作的水彩画，从左至右：弗兰茨·卡尔大公、斐迪南皇帝、玛丽亚·安娜皇后、弗兰茨·约瑟夫、苏菲公主、施瓦岑贝格亲王、温迪施格雷茨元帅和耶拉契奇将军

行会议的帝国议会。即便如此，随着革命遭到镇压，他在短暂的一段时间内摆出了宪政主义者的姿态，为哈布斯堡帝国所有地区都能在一个新的议会中得到代表制订了宏伟的计划。他以宪政为幌子，希望说服德意志诸侯接受一个"7000 万人口的帝国"的理念，把德意志邦联和哈布斯堡帝国结成一个松散的政治和经济同盟。当德意志的小邦国明显不愿就范时，弗兰茨·约瑟夫摘下了他的面具，在1851 年底开始实行专独统治。在近十年的时间里，他既

没有召集帝国议会，也没有召集地方议会。他领导的政权以他的堂叔[1]、匈牙利总督阿尔布雷希特大公为典型代表。在一群匈牙利贵族要求他帮助恢复匈牙利宪法时，阿尔布雷希特向他们挥舞着剑，高喊"这是我的宪法"。

九年的"新专制主义"与约瑟夫二世时期的统治类似，只是弗兰茨·约瑟夫的眼界更为狭隘。德语再次被确立为整个帝国的官方语言，立法也再次通过政令下达。然而，天主教会的特权得以恢复；在天主教徒和非天主教徒之间的"混合"结合方面，世俗婚姻的权利受到限制。警察镇压异见和出版，法院对轻微的政治越矩（佩戴具有挑衅色彩的帽徽，写讽刺诗，等等）实施严厉的惩罚。往好的方面发展的是，匈牙利和帝国其他地区之间的关税同盟产生了经济增长。1848 年，整个帝国之内废除了对农民的限制，他们耕种的土地现在变成了他们自己的。但当时还没有建立任何机制来认定农民有权得到什么土地。这件事现在已经完成了，地主也得到了少量的补偿。

问题出在财政上。由于弗兰茨·约瑟夫政权不愿担

---

1 原文疑似有误。阿尔布雷希特大公并非弗兰茨·约瑟夫的叔祖，而是他的堂叔。

责，银行家因此没有动力在年度赤字相当于国家收入一半的时候向其放贷。军队因此装备不良、训练不足——总之大部分的编制都处于半永久性的告假状态。为了避免战争的花销，哈布斯堡帝国没有在 1853 年干预克里米亚以制止俄国的扩张。接着在 1859 年，弗兰茨·约瑟夫的军队在意大利被法国人击败。米兰输给了法国保护下的皮埃蒙特国王，威尼斯后来也向他投降。一位大臣警告说，如果没有银行家的资金和政治改革，整个帝国的未来都将陷于危险之中。

弗兰茨·约瑟夫老大不情愿地放弃了新专制主义，先是设立了一个大臣级别咨询理事会，接着又扩大其成员，把从各地方议会里精挑细选的代表包括进来，地方议会因此恢复了。当这些半心半意的措施未能恢复信心时，他干脆放开了手脚。1861 年 2 月，弗兰茨·约瑟夫下令建立一个两院制议会。上议院由贵族世家的首脑、教会人士和哈布斯堡家族的大公组成；下议院包括最初从地方议会中挑出的当选代表。1867 年，他同意与匈牙利达成一项和解或"妥协"，给予这个王国自己的政府和议会，拥有显贵组成的上议院和选举产生的下议院。为了满足匈牙利人的要求，特兰西瓦尼亚现在被并入匈牙利，从而结束了它300多年来所享有的独立存在。弗兰茨·约瑟夫之所以被迫接受这项和解，部分原因是出于外交政策方面的考虑。哈布斯堡与普鲁士为争夺德意志的领导权而在1866年进行了一场短暂但决定性的战争，这就要求国内安宁，以及与匈牙利人和平共处。

1867年，弗兰茨·约瑟夫为帝国的奥地利和匈牙利两个部分都颁布了宪法。宪法植入了法治和议会权利，并被两个议会正式采纳。从此以后，哈布斯堡帝国就由两个在宪法上地位平等的部分组成——匈牙利部分和其余所有部分。第二部分没有确切的名字，官方称之为"帝国议会中所代表的众领地和诸王国"，非官方则称之为"莱塔河的这一边"（即内莱塔尼亚：莱塔河是两个实体之间的界河）。帝国合起来成为奥地利-匈牙利、二元君主国或奥匈帝国。奥地利直到1915年才成为非匈牙利的一半的官方名称。

哈布斯堡帝国（见地图2）现在有了两个议会，而且"莱塔河的这一边"还有选举产生的地方议会，但它的政府不是议会制的。帝国两个部分的政府都对皇帝负责，而

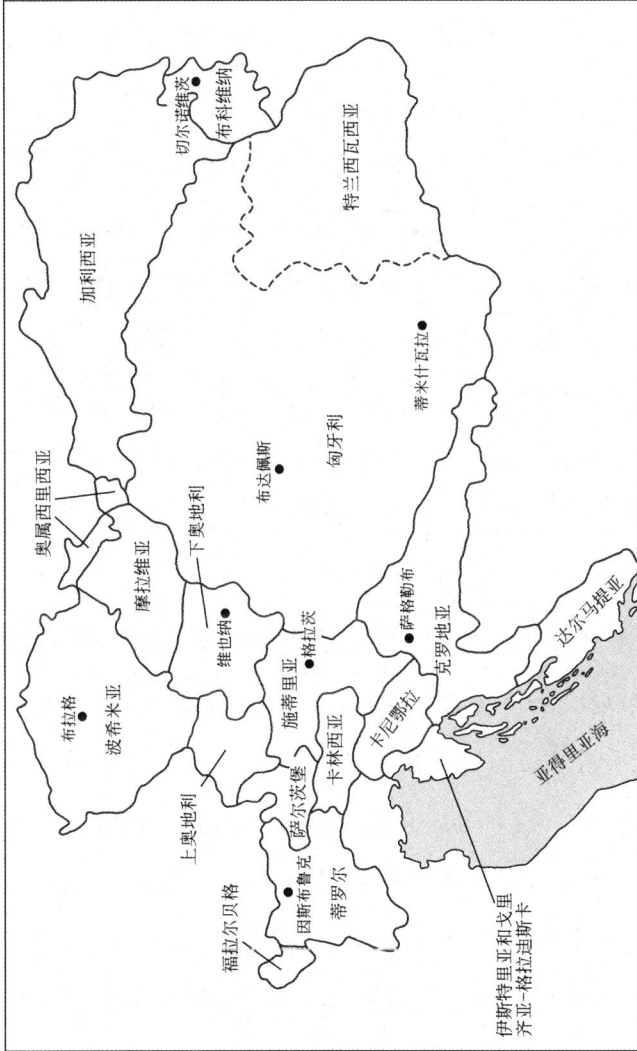

地图 2. 1873 年的哈布斯堡帝国

不是对在维也纳和布达佩斯的议会负责（佩斯和布达这两个城市于 1873 年合并）。因此，如果政府得到皇帝的支持，就很有可能即便在不信任投票中未过关也会幸存下来。皇帝在最低限度的议会监督下实施自己的外交政策和军事部署。弗兰茨·约瑟夫也有权通过政令立法，同样没有什么限制，这就意味着他可以绕过或替代议会程序。因为难以驾驭，弗兰茨·约瑟夫于 1914 年 3 月关闭了维也纳议会。它在三年多的时间里未能重新召集。不过，弗兰茨·约瑟夫在大部分时间里都以勤勉的工作来施加他的意志。由于他每天早上不迟于 5 点就已坐到了办公桌前，他比任何一位大臣或政治家都更了解情况。

在弗兰茨·约瑟夫统治的头几十年里，他以冷血甚至残酷以及缺乏判断力而闻名。驻维也纳的英国使馆随员于 1852 年报告说，尽管被警告有危险，皇帝还是坚持在严寒中阅兵，结果马匹摔倒，死了两名铁骑。1854 年，弗兰茨·约瑟夫娶了巴伐利亚的伊丽莎白（茜茜）。他们的婚姻并不幸福。弗兰茨·约瑟夫照旧与情妇厮混，要么是旁人代他猎艳寻来，要么是他本人在美泉宫[1]这座夏宫的

---

1 坐落在维也纳西南部的巴洛克风格建筑，曾是神圣罗马帝国、奥地利帝国、奥匈帝国和哈布斯堡家族的皇宫，如今是维也纳最负盛名的旅游景点。

花园里散步时偶遇的。他偏爱有家可回的已婚妇人，丈夫则已经花钱打发了。皇后则四处游历，晚年常去科孚岛的阿喀琉斯宫[1]。德国皇帝威廉二世曾在她之后拥有这座宫殿，她是唯一一个在室内装饰方面的种种尝试得到威廉二世改进的人。茜茜也是匈牙利的常客。她在匈牙利人中受到的爱戴（这种感情留存至今）帮助克服了由于她丈夫镇压这个国家而引发的对哈布斯堡家族的敌意。

不过，弗兰茨·约瑟夫个人生活的不幸确实随着时间的推移引起了公众对他更广泛的同情。1867 年，他的弟弟马克西米利安在墨西哥被反对他统治的共和派军队处决，他是被法国人和墨西哥大地主作为皇帝强加给墨西哥的。1898 年，皇后在日内瓦被一名意大利无政府主义者杀害，离弗兰茨·约瑟夫唯一的儿子兼继承人鲁道夫之死不过仅仅几年。鲁道夫的自杀是与他的情妇约定双双殉情的结果（她并不是第一个被鲁道夫邀请和他一起赴死的人），这一事件当时被隐瞒了下来，但却受到了广泛的怀疑。由于鲁道夫的自杀，弗兰茨·约瑟夫的侄子弗兰茨·斐迪

1　位于地中海上希腊的科孚岛，为奥地利皇后伊丽莎白（即茜茜公主）的行宫。

南成了假定继承人。

民族主义

民族是哈布斯堡帝国的各族人民理解他们所处世界的方式之一。直到大约 19 世纪中期，民族身份才被明确。在此之前，许多斯洛伐克人认为自己是"斯拉夫匈牙利人"，而在巴纳特地区，一些罗马尼亚人欣然接受"说罗马尼亚语的匈牙利人"的描述。群体的身份既能获得，也会丢失。卡尼鄂拉的温德斯人（或温迪施人）融入了占该公国大多数的斯洛文尼亚人——只有那些早前移民到美国中西部的人保留了他们的旧名。在奥地利领地、波希米亚和特兰西瓦尼亚，讲德语的个体拥有的既可能是一个较大的"泛德意志"身份，也可能是一个意识到自己的文化特性和历史的区域性身份。在家族内部，多个身份有时是相互竞争的。路易·科苏特领导了匈牙利人的独立战争，但他的叔叔是一位著名的斯洛伐克爱国者。

语言是身份的主要标志，政府的人口普查要求每个人都申告一种单一的语言归属。1869 年以后人口普查每十年进行一次，普查人员让所有公民勾出"在交谈中"使用哪种语言（在匈牙利则是勾出他们的"母语"）。给出的共有八种语言，包括"捷克-摩拉维亚-斯洛伐克语"，但省略了许多实际使用的当地语言（兰科语、意第绪语、普尔施语等等）。人口普查也没有承认人们可能使用多种语言，具体选择哪种取决于语境。例如，一名士兵1900年前后的日记是用四种语言写成的——回忆女友时用的是当地的斯洛文尼亚语；记叙兵团事务时用的是德语；写歌时用的是塞尔维亚语；讲述自己的性幻想时用的是匈牙利语。然而，人口普查将一个概念打下了烙印，即人们拥有一个单一的语言和文化身份，可以用来分类和统计。同样，民族地图制作师也将民族分为若干区块，掩藏了对角线和阴影线背后在归属上的细微差异。

身份打下烙印之后就获得了力量。一切都变成了民族的——从小酒馆里大声朗读的报纸，到服装的品目和男人胡子的形状。一位尽责的观察家数出了23种胡子，每一种胡子都表示某种民族归属。酒精是另一个标志——匈牙利爱国者喝葡萄酒；斯洛伐克农民喝白兰地。身份的标志大多是男性所有的。在通常围绕着雕像进行的集体归属仪式中，女性的角色主要局限于身穿白衣、手捧鲜花的女孩。

在哈布斯堡帝国的大部分领地和王国，各个民族混杂而居，彼此之间日益意识到自己的独特身份。民族主义产生了自己的竞争和表现形式。在波希米亚的城镇里，捷克人和德意志人有各自的志愿消防队，互相争着扑灭大火。布拉格的大学也被分为德意志和捷克两个独立的机构——只有植物园是双方共有的，因为园里植物的名字都用拉丁语命名。在亚得里亚海滨的伯国戈里齐亚-格拉迪斯卡，由于斯洛文尼亚人和意大利人在拼写上存在分歧，主火车站一直未能命名。在波希米亚的城市里，斗殴时有发生，因为捷克人和德意志人试图划分民族地盘，用纪念彼此民族英雄的雕像将它们区别开来。然而，大体上来说，暴力十分罕见并很少致命。弗兰茨·约瑟夫的帝国没有爱尔兰这样的地方。

帝国两个部分的议会都是选举产生的。在匈牙利，投票权只属于富人，其目的是剥夺少数民族的公民权利，因为他们普遍穷困，没有资格参加投票。只有四分之一的匈牙利成年男性有投票权，克罗地亚则为二十分之一。大多数匈牙利选区保留了公开投票，以便更好地操纵选举结果。

在帝国的另一半，投票权到 1907 年逐渐扩大至包括大多数成年男性。这样做的目的是期望较低的阶层能把保守派候选人再次送进帝国议会。他们大体上确实这样做了，尽管后来社会党人获得了一些好处，但其政党在 1910 年因民族而分裂。代表农村富裕人口利益的农业党派从来未能团结起来形成一个共同的集团。而基督教社会党派虽因为对天主教的信仰，以及致力于反大企业、反社会主义的事业而团结起来，但也没有办法克服他们之间的民族分歧。

由于民族关系和意识形态造成的分裂，30 个党派你争我夺，政治僵局在帝国议会中一时成风。围绕波希米亚邮政服务使用的语言或施蒂里亚学校的招生政策，产生的争议导致了骚乱，人们互掷墨水瓶，掀翻桌椅。这正中弗兰茨·约瑟夫的下怀。在缺乏协同合作的政治反对派别的情况下，正如一位首相所解释的那样，他可以通过"维持各民族处于均衡和适度的不满状态"来主导帝国事务，把民主带来的日常麻烦胡乱应付过去。如果政治操控失败了，那么皇帝就会关闭议会，暂时通过政令实行统治，等待各方情绪冷静下来。政治瘫痪导致一系列明智和必要的措施要么被阻挠，要么被拖延，例如军队的经费筹措和帝国两个部分预算的协调。

尽管如此，还是找到了某种解决方案，大致相当于社会科学家所说的"非对称联邦化"，即权力的分配虽然不均，却能防止彻底崩溃。在匈牙利，政治领导权被赋予了所谓的自由主义者，他们代表说匈牙利语的人或马扎尔人行事。自由主义者奉行歧视性的民族政策，关闭了少数民族的学校和文化社团——主要是斯洛伐克人、罗马尼亚人和塞尔维亚人。匈牙利的"马扎尔化"政策不仅证明是无效的，而且引起了国际社会的谴责。

加利西亚的波兰人实行一种类似于马扎尔人的民族至上主义，剥夺了大多数鲁塞尼亚人（乌克兰人）的公民权利。在卡尼鄂拉，斯洛文尼亚人取得了对当地的议会和政府的控制权，在很大程度上移除了德意志少数民族的影响力。在达尔马提亚，哈布斯堡的政策偏向于占多数的克罗地亚人，而不是传统的意大利统治精英，但未达到允许达尔马提亚与克罗地亚合并的地步。与此不同的是，波希米亚的捷克人和德意志人之间比例约为 2:1，许多德意志人居住在边境附近所谓的苏台德地区。德意志人因此被赋予了下放的权力，允许他们在人口占多数的地方取得控制权。波希米亚官僚机构的职位都是双份的，以保证捷克人和德意志人都能快乐地拿薪水度日。到 1900 年，布拉格的公务员人数比包括了英国殖民机构的伦敦还多。

维也纳，世纪末，犹太人

19 世纪末、20 世纪初的维也纳最常让人想起的是古斯塔夫·克里木特奢华的先锋派画作。但维也纳不止于此，它还是造就了西格蒙德·弗洛伊德、路德维希·维特根斯坦、阿道夫·洛斯（建筑师）、阿诺尔德·勋伯格（20 世纪音乐革命领军人物）、卡尔·伦纳和奥托·鲍尔（他们将革命的马克思主义引入沙龙）的城市。大约发生在 19 世纪末（fin de siècle 的称法由此而来）的艺术和知识活力的爆发不是维也纳独有的——巴黎、柏林和都柏林也处于同样的全盛时期。维也纳之所以与众不同是因为其文化起点很低。在此之前，它的名声几乎一直都在音乐方面，主要是莫扎特、海顿和贝多芬的古典作品。

世纪末维也纳的许多杰出人物都有犹太血统。除了弗洛伊德、维特根斯坦、勋伯格和鲍尔，他们还包括古斯塔夫·马勒、作家和剧作家霍夫曼斯塔尔和施尼茨勒，以及改变了经济学和法学研究面貌的两位学者路德维希·冯·米塞斯和汉斯·凯尔森。其他像克里木特、考考斯卡、席勒、洛斯等不是犹太人，犹太人在艺术和建筑方面的贡献也逊色于其他领域。即便如此，画廊老板、经销商和艺术家的赞助人通常都是犹太人，克里木特最著名的几幅肖像画里的主人公也是犹太人。

中欧的犹太人要比西欧的多出许多。其人口于 18 世纪中期在奥地利领地、波希米亚和匈牙利约为 15 万左右。1772 年帝国获得加利西亚后，又带来 20 万人。两年后得到的位于加利西亚以东的小省布科维纳，犹太人口也因为俄国移民的扩张而迅速增长。1900 年犹太人口占三分之一的布科维纳首府切尔诺维茨（即切尔尼夫齐，今乌克兰境内）成为了包括意第绪戏剧在内的中欧犹太文化重要中心之一。

哈布斯堡领地上的大多数犹太人是农村犹太人（Landesjuden），他们在乡下或皇室庄园劳作。为了让犹太人"对国家更有用和更可使唤"，约瑟夫二世消除了许多阻拦他们社会和经济发展的障碍。农民的解放正好发生在强调世俗价值观和整合意义的犹太"哈斯卡拉运动"或启蒙运动时期。

犹太人的"现代化之路"有好几条，通过贵族分封和政府公职，经营制造业和商业，从事专门职业，以及后来的移民。加利西亚的大部分地区拒绝接受同化策略，那里的哈西德主义[1]强调忠于犹太教法典的传统。然而，在其他地方，犹太人为了城市里的整合和发展而放弃了农村。到19世纪80年代，维也纳10%的人口是犹太人。布达佩斯的比例更高，1910年时超过了20%。

在维也纳，犹太人主导了专门职业，占律师总数的四分之三和医生总数的一半。他们也是受过良好教育的中产阶级的重要组成部分——大约三分之一的文法学校（Gymnasien）[2]学生是犹太人。然而，中产阶级的理性主义和进步价值观却受到日常的民族主义陈腐观念的攻击。1895年，欧洲第一位反犹市长卡尔·卢埃格尔在维也纳当选，标志着犹太整合的局限性。维也纳反犹主义的兴

1　哈西德主义（Hassidism），又译"哈西德派运动"。18世纪中叶在东欧兴起的犹太教神秘主义。最初遭正统派强烈反对，后面临改革派的威胁，是现代犹太教极端正统派的一部分。

2　为德意志等地培养学生升入高等学校的高级中学，相当于英国等地的文法学校。

起，在一定程度上促使记者特奥多尔·赫茨尔欣然接受了在以色列的土地上建立一个犹太国家的想法。克里木特的维也纳也是年轻的阿道夫·希特勒的维也纳。

在这样的情形下，犹太人和维也纳受过教育的中产阶级中其他幻想破灭的成员可以说退回到了一个"艺术的美学殿堂"，但这个命题无法得到最终的检验。可以肯定的是，维也纳的文化创造力具有强烈的非民族性。甚至不如说，它对性和情色的兴趣超越了民族主义，开始探究指导人类行为的更深层次的冲动。

不管怎么说，维也纳世纪末文化中的世界主义内容被认为是摆脱民族主义政治僵局的一种途径。正如一位维也纳先锋派的倡导者（贝尔塔·塞普斯–祖克坎德尔）当时提出的，艺术家的任务是致力于"一种纯粹的奥地利文化，将我们众多组成民族的所有特征融合在一起，形成一种新的自豪的统一"。政府很快就看到了这一机会，于1899年成立了一个艺术理事会来推广新的文化理念。不久之后，文化大臣描述了"艺术作品［如何］使用一种共同的语言并且……通往相互理解和彼此尊重"。

在帝国的其他地方，艺术和文化放弃了美学殿堂，转而投身于民族主义的研讨班，寻求美化民族传统的艺术形式。在布达佩斯，阿帕德·费斯蒂创作了一幅 120 米长的画幕，描绘了匈牙利人在公元 9 世纪对喀尔巴阡盆地的征服——直到今天，匈牙利的小学生观看这幅画还是必须的。在布拉格，阿方斯·穆哈打造了一幅可与之相媲美的杰作，由 20 幅巨大的油画组成，描绘了捷克和斯拉夫历史上的神话故事。在建筑方面，"匈牙利高迪[1]"厄登·莱希纳用民俗主题装饰博物馆、学校，甚至布达佩斯的市邮政局，而在为布达佩斯动物园设计的作品中，卡罗伊·科什使用了匈牙利乡村常见的建筑风格（见图 8）。布达佩斯最著名的建筑物哥特式议会，体现了全国人民希望其代表机构得到与英国议会和威斯敏斯特宫同样的尊重。

1937 年，弗朗茨·乔科尔的戏剧《1918 年 11 月 3 日》在维也纳首映。在一场戏中，士兵聚集在一起埋葬他们一听到帝国崩溃的消息就开枪自杀了的上校。他们每个人都在他的尸体上堆上泥土——"来自匈牙利的泥土……来自卡林西亚的泥土……捷克的泥土"，用埋葬他来象征性地

1　高迪（Antoni Gaudí，1852—1926 年）为西班牙著名建筑师，"加泰罗尼亚现代主义"的最佳实践者，新艺术运动代表性人物之一。

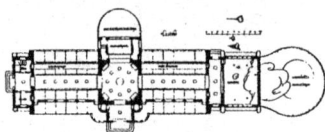

图 8. 布达佩斯动物园的鸟舍设计，卡罗伊·科什 1909 年作。该设计基于
特兰西瓦尼亚的一些传统匈牙利教堂

埋葬帝国。上校的犹太战友在最后结结巴巴地说："来自，
来自……奥地利的泥土。"我们可能会质疑犹太人对世纪
末文化的影响程度和贡献，但是，维也纳的犹太人代表着
比民族更宏大的东西，他们可能最接近一种超越民族主义
的"奥地利理念"。然而，到了 1914 年，这个理念很快就
过时了。

第七章

世界大战与解体：20世纪

波斯尼亚-黑塞哥维那

19 世纪末和 20 世纪初的国际政治占据主导的是"东方问题"。这是如何处理崩溃中的奥斯曼帝国在巴尔干半岛的属地，以及如何满足土耳其统治下各民族的愿望的问题。哈布斯堡帝国对向南推进兴趣寥寥。问题在于俄国这样做了，造成侧翼包抄哈布斯堡帝国之势。俄国沙皇视他们自己为巴尔干地区东正教斯拉夫人口的捍卫者，但他们同时也打算控制连接黑海和地中海的在伊斯坦布尔的海峡。

19 世纪 70 年代期间，俄国支持巴尔干地区反对土耳其统治的起义，并试图建立一个囊括半个半岛的保加利亚人的傀儡国家。1878 年柏林会议的国际调停暂时扼制了俄国的野心。虽然保加利亚得以保留，但它的领土却大大缩小，而且还接纳了一位德意志王公作为君主。为了防止西巴尔干半岛内部崩溃，1878 年土耳其的波斯尼亚-黑塞哥维那省被置于哈布斯堡的军事占领之下，虽然它名义上仍然是奥斯曼帝国的一部分。

哈布斯堡在波斯尼亚-黑塞哥维那的统治并不仅限于驻军。尽管直到 1910 年该省才有了自己选举产生的议会，但此前哈布斯堡已在当地兴办学校，开设医院，组织一定限度的地方政府，实行富有效率的行政管理。维也纳式的建筑与当地的民俗主题相结合，传递出一种“波斯尼亚风格”，彻底改变了首府萨拉热窝市中心的面貌。最令人惊叹的是，波斯尼亚-黑塞哥维那的哈布斯堡政府铺设了 1000 多公里长的铁轨。穿越萨拉热窝东面山区的北波斯尼亚线包括有 99 条隧道，并在仅仅一段 160 公里的距离内建了 30 座铁桥。所谓的“波斯尼亚窄轨”（轨距 760 毫米）后来成为国际基准，并在整个欧洲以及刚果和阿根廷得到采用。然而，哈布斯堡的统治并没有改善多少农民的状况，他们一辈子当农奴，为以穆斯林为主的地主辛苦劳作。

巴尔干半岛的历史疆界就如哈布斯堡帝国的一样，与民族无甚关系。波斯尼亚-黑塞哥维那的人口分为东正教塞尔维亚人、天主教克罗地亚人和穆斯林，没有任何群体构成多数。在波斯尼亚-黑塞哥维那和亚得里亚海之间是克罗地亚王国，它与匈牙利合并并由布达佩斯统治。克罗地亚四分之一的人口是塞尔维亚人，他们大多居住在从前的军事边疆地区。

在来自布达佩斯的匈牙利的统治下，克罗地亚的政客越来越感到不满。过去，塞尔维亚人和克罗地亚人之间摩擦不断，双方都浪费了极大精力。1903 年，一个所谓的"克罗地亚-塞尔维亚联盟"在克罗地亚议会掌权。联盟不仅推动扩大自治，而且力图通过合并达尔马提亚（迄今由维也纳管理）和波斯尼亚-黑塞哥维那来扩大克罗地亚的领土。"试行解决方案"得到了皇位继承人弗兰茨·斐迪南（见图 9）的支持，它的设想是将帝国分为三个部分，以维也纳、布达佩斯和克罗地亚的萨格勒布为首都。弗兰茨·斐迪南除了是一个捕获了大约 27 万只动物（大部分是鹧鸪，但包括两头大象）的狂热猎人，他还深信哈布斯

König Ant...hotepp XXIII
Pharao v. Aegypten

图 9. 弗兰茨·斐迪南在他 1892 至 1893 年的环球旅行中，装扮成经过防
腐处理的埃及法老。1914 年弗兰茨·斐迪南遇刺，启动了导致第一
次世界大战的一系列事件

堡帝国的生存依赖于全面重组。

波斯尼亚-黑塞哥维那以东是塞尔维亚王国，历经整个 19 世纪从奥斯曼帝国获得领土和独立。塞尔维亚的统治者对哈布斯堡帝国的敌意越来越深，他们心怀最终将所有塞尔维亚人包括在王国疆界内的雄心壮志。由于波斯尼亚-黑塞哥维那、克罗地亚和匈牙利南部都有可观的塞尔维亚人口，塞尔维亚的政治目标对哈布斯堡帝国构成了威胁。

波斯尼亚-黑塞哥维那因此处于多重对抗的中心。一方面，克罗地亚-塞尔维亚联盟争取将其并入一个重塑的哈布斯堡帝国；另一方面，塞尔维亚冀望吞并该省的全部或部分地区。奥斯曼土耳其也没有忘记这个省曾经属于它。当 1908 年伊斯坦布尔的一场革命引入了宪政改革时，土耳其新政府提议波斯尼亚-黑塞哥维那的人口被允许参加奥斯曼议会的投票。

哈布斯堡对波斯尼亚-黑塞哥维那的军事占领只是作为一个临时的解决办法。该省于 1908 年 10 月被哈布斯堡帝国正式吞并，如果不是因为执行的方式如此之拙劣，它或许倒可以称为一招妙棋。哈布斯堡的外交大臣认为，他与俄国外交大臣就吞并达成了协议，但这是一种误解。结果两国外交关系破裂，造成俄国更向塞尔维亚靠拢。在1912至1913年的巴尔干战争期间，塞尔维亚向南扩张进入奥斯曼帝国的马其顿，这引起了维也纳的疑虑，即在俄国的支持下，塞尔维亚将会很快寻求"解放"居住在哈布斯堡帝国境内的塞尔维亚人。

塞尔维亚有一个在广泛公民权的基础上选举产生的议会，但是它的政府不是民主的。国家机构已被秘密社团和恐怖主义团伙从军队和安全部门内部逐渐吞噬。正是塞尔维亚军事情报机关的首脑德拉古廷·迪米特里耶维奇武装和训练了年轻的恐怖分子，后者又于1914年6月在弗兰茨·斐迪南和他的妻子正式访问萨拉热窝的时候谋杀了这对伉俪。迪米特里耶维奇无视塞尔维亚政府的政策，即在当前反对所有针对塞尔维亚更强大的邻国的敌对行动。

1879年的时候，哈布斯堡帝国与德国结成了旨在对抗俄国的军事联盟。该同盟毫无生气，充其量只是哈布斯堡和德国的总参谋部之间交换交换圣诞贺卡而已。然而，德皇威廉二世现在全力支持弗兰茨·约瑟夫对塞尔维亚采取军事行动。威廉没有发动世界大战的意图，但在维也纳

的政治机构中有许多将军和其他人等对一场欧洲的冲突欣
喜若狂，认为这预示着"一个全新的纪元"，帝国将会再
度复兴。尽管他们知道攻击塞尔维亚必然导致俄国的干
涉，但他们说服弗兰茨·约瑟夫除了战斗别无选择。到了
1914 年 8 月，欧洲的大部分地区进入了战争状态。

第一次世界大战

用 15 种语言写成的海报宣示哈布斯堡武装部队开始
动员。从一开始，问题就不仅在于后勤方面，即如何将
150 多万人送往前线，而且还在于士气方面，即如何激励
天差地别的民族团体去战斗。哈布斯堡军队的军官团或许
对一种看似超越民族的"帝国爱国主义"欢欣鼓舞，但普
通士兵却没有如此积极。哈布斯堡人的认同感和归属感异
常缺乏，推动这种意识的最新尝试也未见起色。1908 年，
在弗兰茨·约瑟夫的官方 60 大寿之际，捷克人、意大利
人和匈牙利人抵制了这一仪式，而打算向皇帝致敬的"各
民族游行"也不过就是寥寥几个穿着五颜六色的服装欢呼
雀跃的卡林西亚人而已。

帝国想到的解决办法是呼唤民族感情。新兵因此被允许在他们自己的民族旗帜下集结，他们被与自己民族的传统敌人开战的前景所吸引——波兰人对俄国人，克罗地亚人对塞尔维亚人，匈牙利人对所有类型的斯拉夫人，凡此种种。在后方，供养受伤者、离丧者和失怙者的工作分配给了国家协会，这些协会负责发放福利金，并为指定监护人的委员会调配人手。对民族主义的呼吁似乎起了作用，一些评论人士惊讶地注意到，欢送部队奔赴战场的是"伴随音乐和歌声的狂喜"。然而在其他地方，热情却遭到冷遇——整个布拉格只有 14 名学生应征入伍。在波希米亚的其他城镇，多达四分之三的捷克人在被召集时突然患上了致人体衰的疾病。

更多地受到民族仇恨而非严肃的爱国主义的驱动，哈布斯堡的军队经常胡作非为，屠杀平民，焚烧村庄。在 1914 年 9 月俄国前线发布的一项典型命令中，为了回应据称某些村民对部队的伏击，要求"把市长、司铎、助理司铎和其他一些人，主要是犹太人，都拖出来立即枪毙。然后烧掉这个地方，并设法推倒教堂的尖顶"。就如这条指示所表明的，甚至连军官团对反犹主义的抵制（哈布斯堡军官中有 17% 是犹太人) 也在崩塌。

绝望助长了暴行。哈布斯堡的军队装备简陋而且训练
不足——在 1914 年之前，每 20 名成年男性中只有一人接
受过任何形式的军事操练，而且大多数都是敷衍了事。运
送这些士兵到前线的火车不比自行车的速度更快；军需供
应随意为之，锡盖代替了铁锹。步兵至少穿上了迷彩灰色
军装，但军官还是总被他们强制佩带的装饰佩剑绊倒。这
在很大程度上可以归咎于财政危机。然而，将军是无能
的。1914 年 8 月，哈布斯堡的总参谋长康拉德·冯·赫
尔岑多夫在调动进行到一半的时候推翻了自己的计划，造
成整支军队困在塞尔维亚而不是原本应该到位的俄国前
线。8 月份发起的针对塞尔维亚的战役是根据一项作战计
划进行的，而这项计划在预演时已经被证明失败了。

俄国前线或东线的战争比西线的更加机动化，哈布斯
堡的军队被部署在 1000 公里长的战线上。一开始，俄军
迅速占据了优势，在克拉科夫行军几乎不到一天就摧毁了
哈布斯堡军队一半的正规军——此后哈布斯堡不得不依赖
于仓促训练的新兵。随后于 1915 年 5 月意大利宣布参战，
迫使哈布斯堡军队进驻阿尔卑斯山。接着又于 1916 年夏

天俄国发起了摧枯拉朽的进攻，促使罗马尼亚下定决心加入对哈布斯堡的战争。为了抵御俄军，哈布斯堡的军队只能依靠德国的援军，后者不得不冲出法国要塞凡尔登的包围来支援他们的盟友。哈布斯堡帝国成为了德国的军事附庸，其军队的战略指挥权于 1916 年 9 月移交给了德皇威廉二世。

在德军的支持下，接下来的两年里哈布斯堡取得了一系列的军事胜利。已在撤退的塞尔维亚军队放弃了巴尔干大陆，逃往希腊的伊奥尼亚群岛。1917 年 12 月，罗马尼亚人战败后被迫求和，而俄国则发生了革命，陷于崩溃。哈布斯堡的军队在意大利前线向前推进，威尼斯唾手可得。正如哈布斯堡外交大臣在 1917 年 11 月报告的那样，"这场战争可以视为我们胜利了"。

然而，后方的形势恶化了。忍饥挨饿、物资配给，以及购买食品的长龙，这些都让位于罢工和面包暴动。1918 年 1 月，70 万工人停工停产 10 天，还有数以万计的人群聚集在一起聆听煽动者讲话。1918 年春天，克拉科夫陷入极端混乱，犹太商店遭到洗劫，为了食物发生的打斗蔓延到街道上。为了养活人口，地方官员经常征用打算分发给军队的物资。虽然没有像爱尔兰复活节起义那样规模的民族主义起义，也没有像 1917 年中期法国军队那样严重的哗变，但是抗命、开小差和逃避兵役的情况时有发生。到 1918 年初，仅匈牙利当局就在寻找 20 万逃兵。由于逃亡者变成强盗，大片大片的农村地区变得无法治理。

尽管数量锐减，但哈布斯堡武装部队的主体至少保持了纪律。1918 年 11 月初，当意大利军队接受大约 40 万名哈布斯堡士兵的投降时，发现其中包括 8 万多捷克人和斯洛伐克人、6 万多南部斯拉夫人（大部分是克罗地亚人）、2.5 万特兰西瓦尼亚的罗马尼亚人，甚至还有 7000 来自伊斯特里亚和蒂罗尔的意大利人。当帝国瓦解为以民族国家为单位时，军队却保留了其多民族的特征，这不得不说是最终的讽刺。

末代皇帝

1916 年 11 月 21 日，弗兰茨·约瑟夫去世。据称他最后的话是对近侍说的："明天早上三点半。"虽然在病中，但这位 86 岁的皇帝还是决定按照往常时间起床。弗兰茨·约瑟夫的继承人是他的侄孙[1]卡尔。这位新的统治者未能达到他伯祖树立的标杆。正如当时的一个段子所说："你希望见到一个 30 岁的男人，但你发现这是一个外表 20 岁的年轻人，他思考、说话和行事都像一个 10 岁的男孩。"

尽管有这些嘲讽，卡尔却是一个致力于和平的正派人。但他既缺乏他的前任因年岁而赋予的权威，也缺乏他代为继承的弗兰茨·斐迪南的坚韧。卡尔对犹太人和社会党人的厌恶更是剥夺了他任用具有想象力的顾问的机会。相反，他迁就着一群平庸官僚和贵族，但他们的更换如同走马灯似的，一旦他们证明了自己的无能，就会被他即刻打发。此外，他似乎甘心失败。在 1915 年春视察总参谋部总部时，据称他曾说，他"不明白为什么我们要如此努力，因为一切都是毫无意义的，战争是不会赢的"。

以往碰到重大军事挫折时，哈布斯堡家族便会求和，甚至不惜以放弃土地或偶尔和亲的公主为代价。为了赢得它们的支持，西方盟友向罗马尼亚和意大利承诺瓜分哈布

---

1 原文疑似有误。卡尔是弗兰茨·约瑟夫的弟弟卡尔·路德维希的孙子，即他的侄孙，而非侄子。

斯堡帝国的部分领土——分别是特兰西瓦尼亚，以及蒂罗尔南部与达尔马提亚。哈布斯堡帝国本可以承受这些损失。它甚至可以牺牲加利西亚的部分地区，如果这是与俄国议和的代价。然而，到了1916年，哈布斯堡帝国的命运与德国绑在了一起，它的许多部队现在都在德国将军的指挥之下。

虽然卡尔皇帝采用投石问路的策略，试探是否有议和的可能，但他向伦敦和巴黎做出的姿态却没有收到任何回应。为了安抚德国皇帝，1918年4月，哈布斯堡的外交大臣公开声明，卡尔无意单独缔结和约。次月，卡尔拜访了威廉皇帝，不仅同意在德军的指挥下进一步协调两国军队，而且同意哈布斯堡帝国服从德国的经济政策和扩张性战争目标。

1917年4月，美国参战。一开始，伍德罗·威尔逊总统无意分裂哈布斯堡帝国。他于1918年1月概述了自己的"十四点和平原则"，当中只提到给予帝国各民族"自主发展的最自由机会"。英国首相劳合·乔治也宣称，肢解帝国"不是我们战争目标的一部分"。但是，由于哈布斯堡帝国脱离德国的希望渺茫，盟国的立场变得强硬。美国国务卿要求帝国"被从欧洲地图上抹去"，而 1918 年 6 月威尔逊则宣称"斯拉夫民族的所有分支必须完全摆脱德国和奥地利的统治"。盟国的宣传机构现在公开支持帝国的解体，并由独立的民族国家取而代之。

1917 年 5 月，卡尔在维也纳重新召集议会，两个月后他宣布大赦，释放了 2000 多名政治犯。这些人当中有许多赞成对帝国进行全面改造，甚至将其彻底消灭。过去边缘化的想法在帝国议会里现在被放大了。首先，所有的南部斯拉夫人应该联合起来组成一个单一的国家，包括斯洛文尼亚人、克罗地亚人和塞尔维亚人，而且这个国家应该足够强大，得以遏阻意大利对亚得里亚海沿岸地区的主权要求。在一个流亡的南部斯拉夫委员会的倡导下，一个统一的"南斯拉夫"国家的梦想得到了塞尔维亚政府的支持。其次则是捷克斯洛伐克未来的总统托马什·马萨里克的设想，即捷克人和斯洛伐克人应该一起加入一个单一的国家。在伦敦流亡期间，马萨里克逐渐让英国的政治家相信，他的计划并非空中楼阁。

西方领导人认识到，战后他们可能需要一个强大的奥地利国家来制衡德国。然而，眼下他们准备牺牲哈布斯堡帝国，以便尽快结束敌对状态。1918 年夏，法国、英国和美国承认南部斯拉夫委员会和由马萨里克领导的流亡的捷克斯洛伐克委员会为哈布斯堡帝国各自部分的临时政府。

随着德国在西线的夏季攻势以失败告终，结局很快就来临了。1918 年 10 月初，德国政府开始谈判停火。两国的命运在军事上交织在一起，德国的战败也成了哈布斯堡帝国的战败。为了满足地方自治的要求，卡尔皇帝发表了一份宣言，试图按照民族界线重组帝国，但是他的努力注定徒劳。各民族委员会的代表夺取了布拉格和其他地方的权力，声称他们应该被视为依据宣言组成的政府。该月底，在匈牙利的一场革命中，社会党领导人"红色伯爵"米夏埃尔·卡罗伊上了台。

哈布斯堡帝国所剩无几。即便在奥地利领地，一个独立的"德意志-奥地利国家"也宣告作为一个共和国成立。11 月 11 日，卡尔皇帝正式放弃对公共事务的参与，但他并未退位。不久之后，奥地利社会党领导人卡尔·伦纳在美泉宫拜访了卡尔皇帝，以这样的话命令他赶快离开："哈布斯堡阁下，出租车在等您。"——这可能是 500 年来第一次有人对哈布斯堡王朝的统治者如此称呼。

1921 年，卡尔曾两次试图以匈牙利合法国王的身份夺取政权，但都被拒之门外。他第二年在流放地葡萄牙的马德拉岛逝世，并于此长眠。按照哈布斯堡的传统，卡尔的心脏被分开埋葬。因为它不能埋葬在维也纳的教堂里，所以被带到瑞士的穆里修道院，靠近旧时的哈布斯堡城堡。历经八个世纪，这个王朝在其覆灭之后回到了它诞生的乡村。

反思哈布斯堡帝国

历史是由胜利者书写的。19 世纪的胜利者是近代中央集权国家。20 世纪的胜利者是民族国家。哈布斯堡帝国既不是中央集权的，也不是民族的。它仍然保持着其 16 世纪获得的形式——由一个共同的君主和统治家族联合起来的不同领地、王国和民族的集合体。因此毫不奇怪，"摇摇欲坠"，还有"落伍过时"，是历史学家最常用来形容这个帝国的陈词滥调。有些人可能会赞同讽刺作家卡尔·克劳斯令人费解但又故作玄虚的结论，用他的话来说即哈布斯堡帝国是"世界毁灭的研究实验室";另一些人则重复 1914 年一位德国外交大臣发表的评价,认为它是"一个日益瓦解的众多国家的合成体"。

即使在当时,也有许多计划对帝国进行重组的政治家和评论家。他们的大多数方案都是基于权力下放和某种民族与领土相符的联邦式安排。1906 年,特兰西瓦尼亚的罗马尼亚人奥雷尔·波波维奇提出了一个"大奥地利合众国"的计划,设想将帝国划分为 15 个省份,每个省份都拥有一个占据统治地位的主体民族。另一个计划则提出了一种"个人原则",人们按照松散的民族社团组织起来,监督教育和文化政策,而领土单位则负责争议较小的行政事务。在社会党领导人卡尔·伦纳和奥托·鲍尔的推动下,所谓的"奥地利-马克思主义方案"为比利时今日的宪政架构提供了很多思考。

正如波波维奇、伦纳和鲍尔的建议所表明的,中央集权国家并非 20 世纪初唯一可行的政治选择。联邦制的美国和瑞士直到数十年前都还是糟糕的例子。但一旦从各自的内战中恢复过来之后(尽管瑞士的内战是短暂的),随着经济的蓬勃发展,两国的政治安排都被视作为拥有复杂人口的国家提供了一种解决方案。因此，哈布斯堡帝国的权力分散和非一元化并没有不合时宜之处。在 20 世纪初的背景下，它代表了一种前进的道路，这种道路能够（至少人们曾经以为能够）加以调整和改进。

哈布斯堡帝国的多民族性也并非不同寻常。19 世纪的大多数国家都是这样。德国境内有 300 万波兰人，他们集中生活在东部；而沙皇俄国只有不到一半的人口被算作俄罗斯人（乌克兰人被取巧地定义为"小俄罗斯人"）。事实上，大多数后来取代哈布斯堡帝国的国家同样是多民族的。两次大战期间的波兰和罗马尼亚三分之一的人口既不是波兰人也不是罗马尼亚人，而捷克斯洛伐克五分之二的人口既非捷克人也非斯洛伐克人。在其作为塞尔维亚人、克罗地亚人和斯洛文尼亚人之王国的最初形式时，南斯拉夫是明确的多民族国家。

差别在两个方面。首先，大多数欧洲国家，无论是在第一次世界大战之前还是之后，都表现得好像它们是由一个民族组成的，并且利用教育制度、军队和官僚机构强加一个单一身份的理念。匈牙利政府 1867 年以后试图这样做，但没有成功。在哈布斯堡帝国的其他地方，通过学校制度进行的文化适应仅开始于一个民族群体形成多数（即便如此也要接受宪法法院的审议）的个别地区。但这项任务实在太艰巨了，而且说到底，在没有任何一个群体占多数的人口中，究竟目标民族要被同化成哪个群体呢？（说德语的人占总人口的比例不足四分之一；说匈牙利语的人大约五分之一。）

第一点导致了第二点。除了奥斯曼帝国和沙皇俄国，其他欧洲国家没有一个拥有数量如此之多、人口如此庞大的民族群体。此外，有些群体的同族就住在边境的另一边，但他们保持着不同的归属感，滋生着领土收复主义情绪。正如匈牙利领导人路易·科苏特在流亡中认识到的，解决匈牙利和巴尔干半岛北部的多样和同族问题的唯一途径是一个大多瑙河联盟，可以将匈牙利、罗马尼亚和塞尔维亚的3000万居民松散地团结"在一个富裕而强大的一流国家，一个对欧洲平衡举足轻重的国家"。即便如此，他也没有为莱塔河这一边 [1] 的众多领地和王国提供解决之道。

哈布斯堡帝国不是一个时代错误。它的多民族构成

1　即内莱塔尼亚，奥匈帝国中奥地利的一半。

所代表的只是 19 世纪和 20 世纪初整个欧洲普遍状况的一个极端例证。中欧的人口异质混杂只是到了 20 世纪中期，通过边界变更和用运畜车载着活人驱逐出境，才得到了解决。

"寻常中的极致"这一点同样适用于哈布斯堡帝国的其他方面，以及哈布斯堡领地的共同历史。哈布斯堡的领土是通过婚姻和战争获得的，这在中世纪和近代早期十分平常。但没有哪个王朝像哈布斯堡家族那样在兼并中如此执着和幸运，也没有哪个王朝如此心意坚决地围绕其历史创造神秘气氛和神话。和大多数其他王朝集合体一样，哈布斯堡的属地是由许多部分构成的"复合君主国"，但在领土的复杂程度和地理面积方面，哈布斯堡王朝胜过了所有其他王朝。其统治者在 17 世纪欣然拥抱忏悔政治，但这样做的结果甚至到了把欧洲拖入长达 30 年的战争的地步。到了下个世纪，哈布斯堡家族出现了约瑟夫二世，他"或许是欧洲历史上最彻底的开明专制君主"。

哈布斯堡帝国作为第一次世界大战的后果之一而崩溃，但它并不是唯一一个解体的国家。奥斯曼帝国和沙皇俄国也分崩离析，同时结束的还有英国在其爱尔兰"故土"的统治。哈布斯堡帝国终结的过程虽然也属寻常，但在我们知道随之将会发生什么以后——极权统治、法西斯主义、大屠杀等等，这一切就显得有些讽刺了。

弗兰茨·约瑟夫不得不极力忍让匈牙利人。有一次，匈牙利的卡洛伊伯爵把皇帝引到卡洛伊家族的悠久历史上来，就如他自豪地解释的那样，在弗兰茨·约瑟夫的祖先还只是瑞士的小贵族的时候，他们家族就已经出现大领主了。"是的，但是我们至今做得更好。"皇帝回答道。哈布斯堡帝国在中欧曾经屹立之处现在是 13 个共和国。哈布斯堡家族在过去确实做得更好。

百科通识文库书目

历史系列：

艺术文化系列：

自然科学与心理学系列：

破解意识之谜　　　　　认识宇宙学

密码术的奥秘　　　　　达尔文与进化论

恐龙探秘　　　　　　　梦的新解

情感密码　　　　　　　弗洛伊德与精神分析

全球灾变与世界末日　　时间简史

简析荣格　　　　　　　浅论精神病学

人类进化简史　　　　　走出黑暗——人类史前史探秘

政治、哲学与宗教系列：

动物权利　　　　　　　《圣经》纵览

释迦牟尼：从王子到佛陀　解读欧陆哲学

死海古卷概说　　　　　欧盟概览

存在主义简论　　　　　女权主义简史

《旧约》入门　　　　　《新约》入门

解读柏拉图　　　　　　解读后现代主义

读懂莎士比亚　　　　　解读苏格拉底

世界贸易组织概览